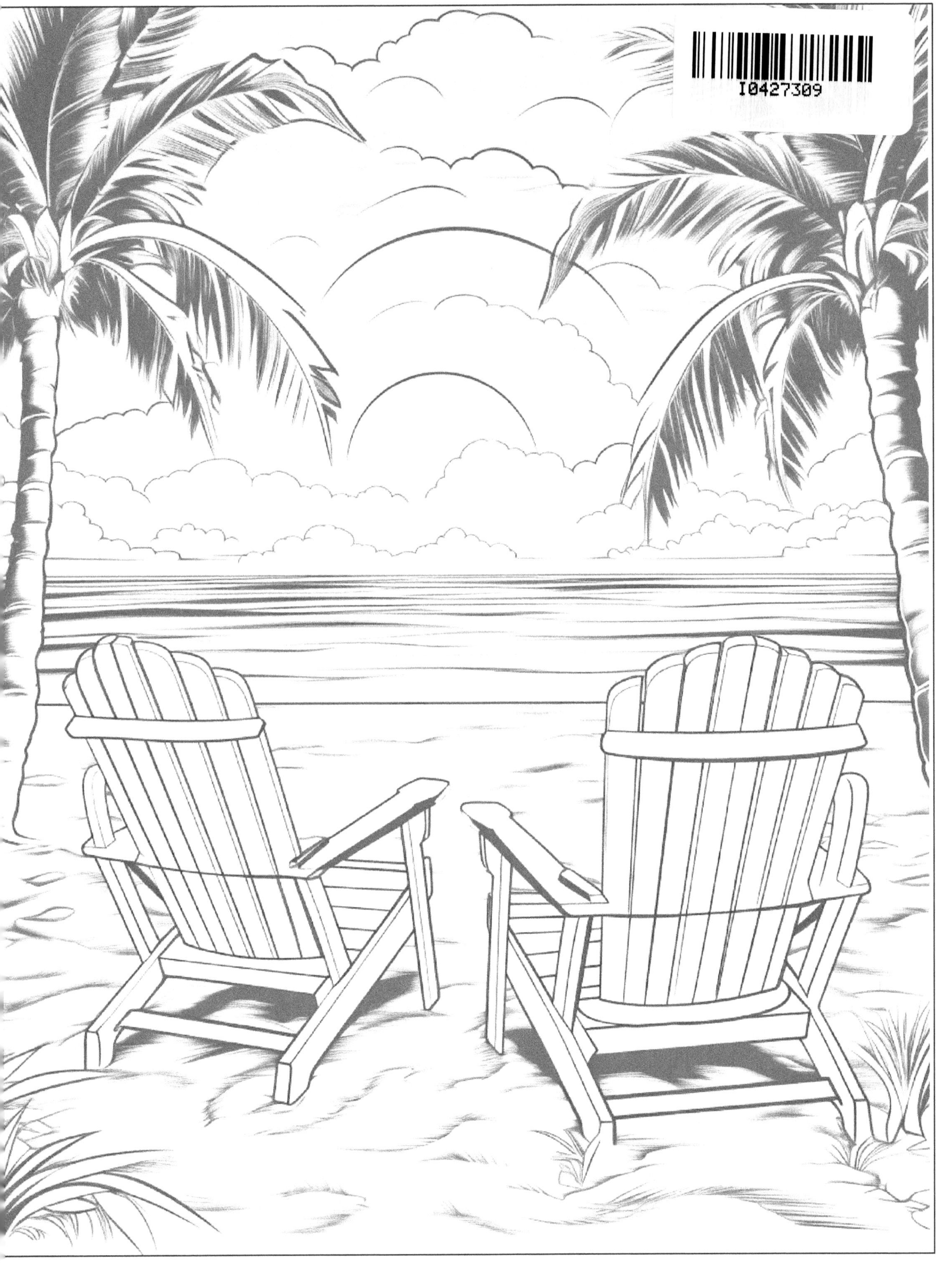

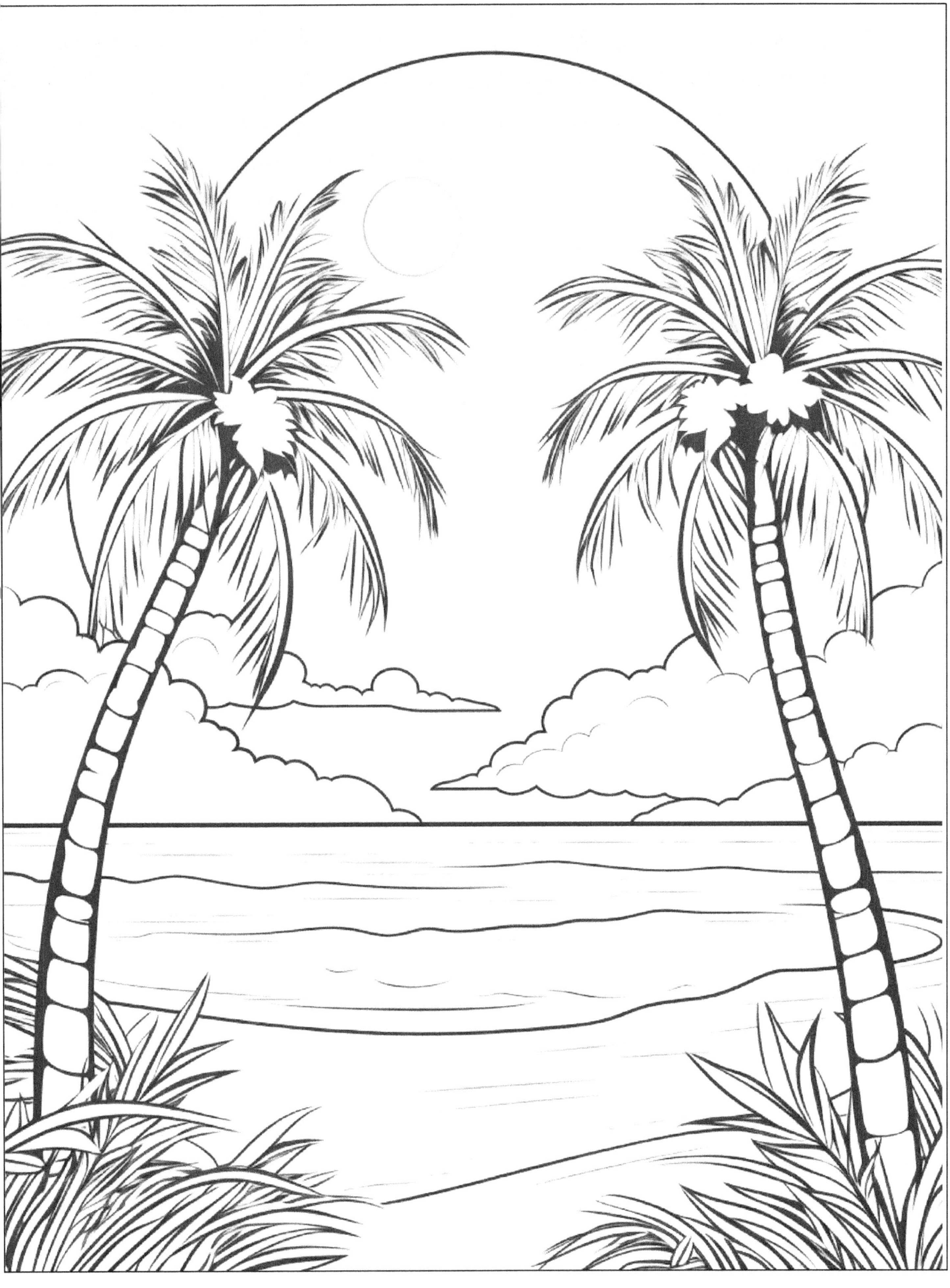

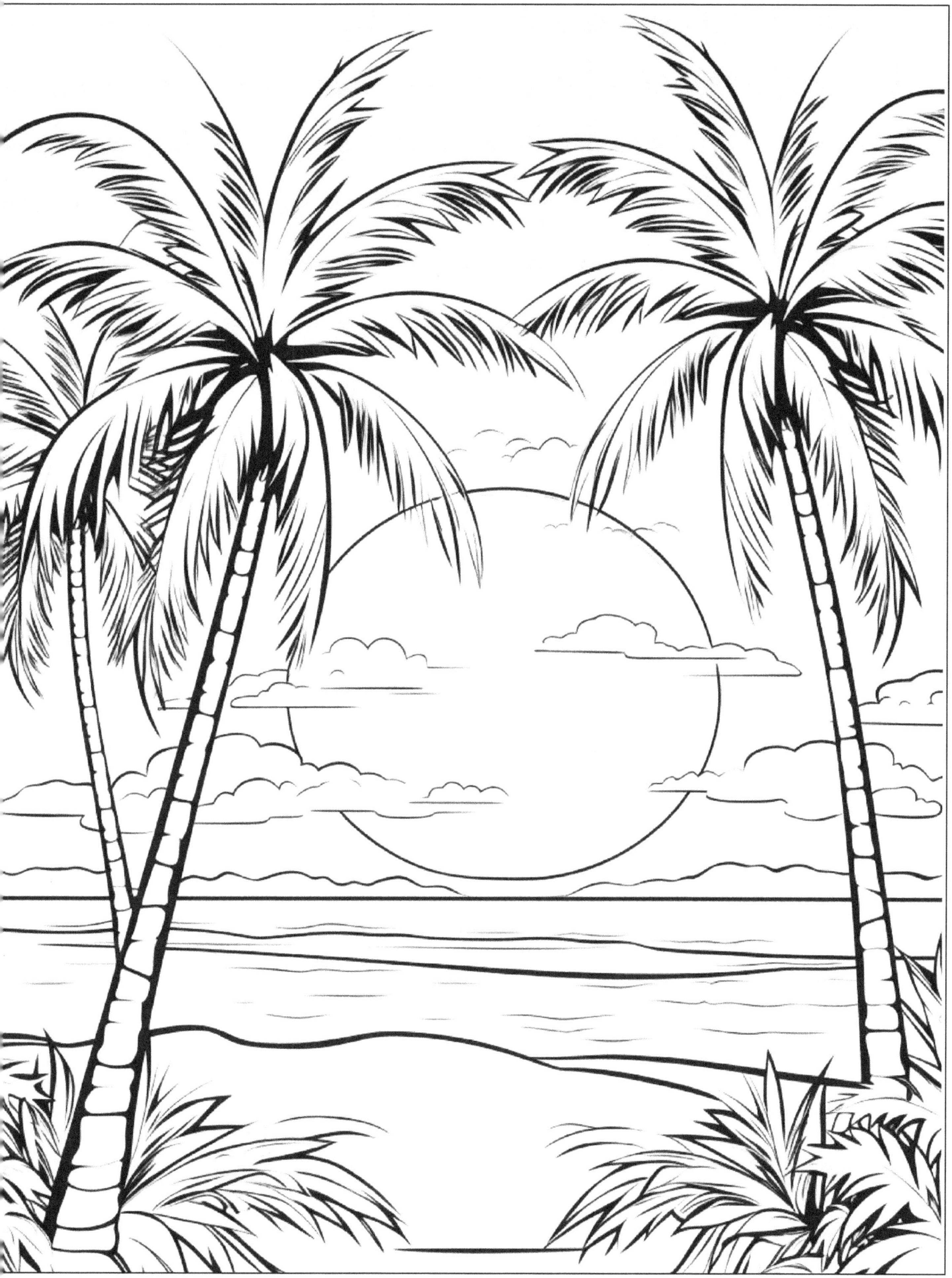

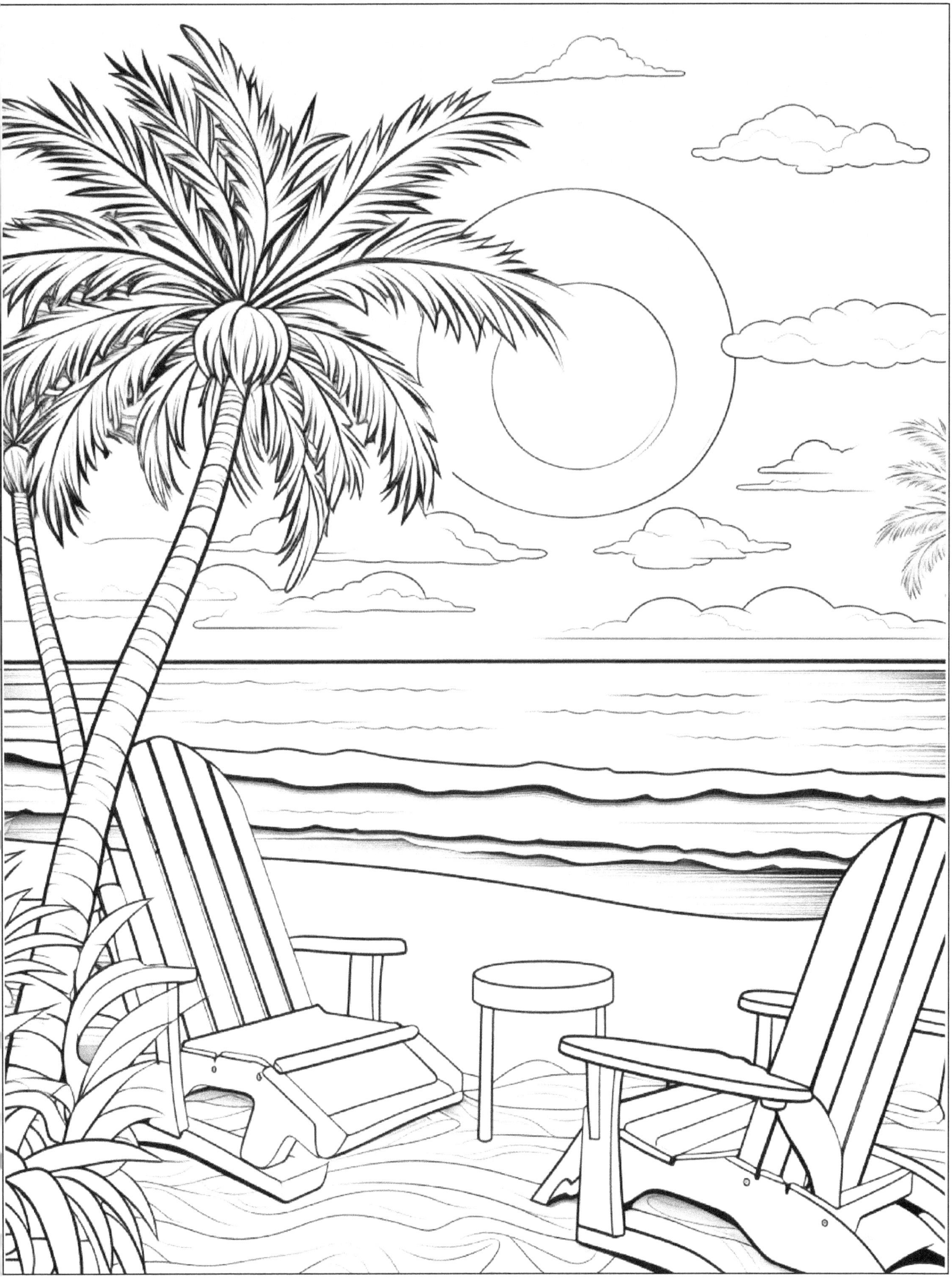

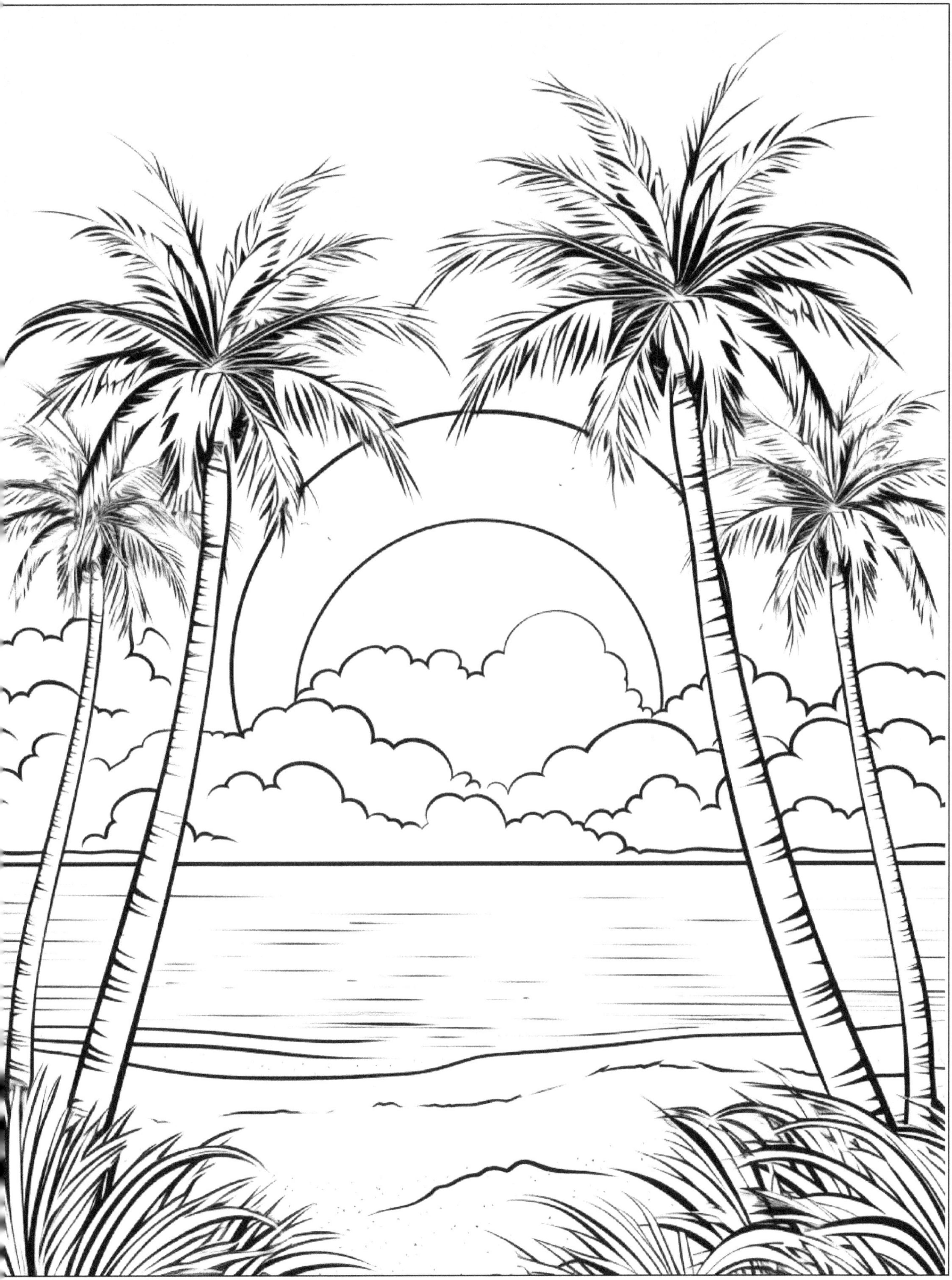

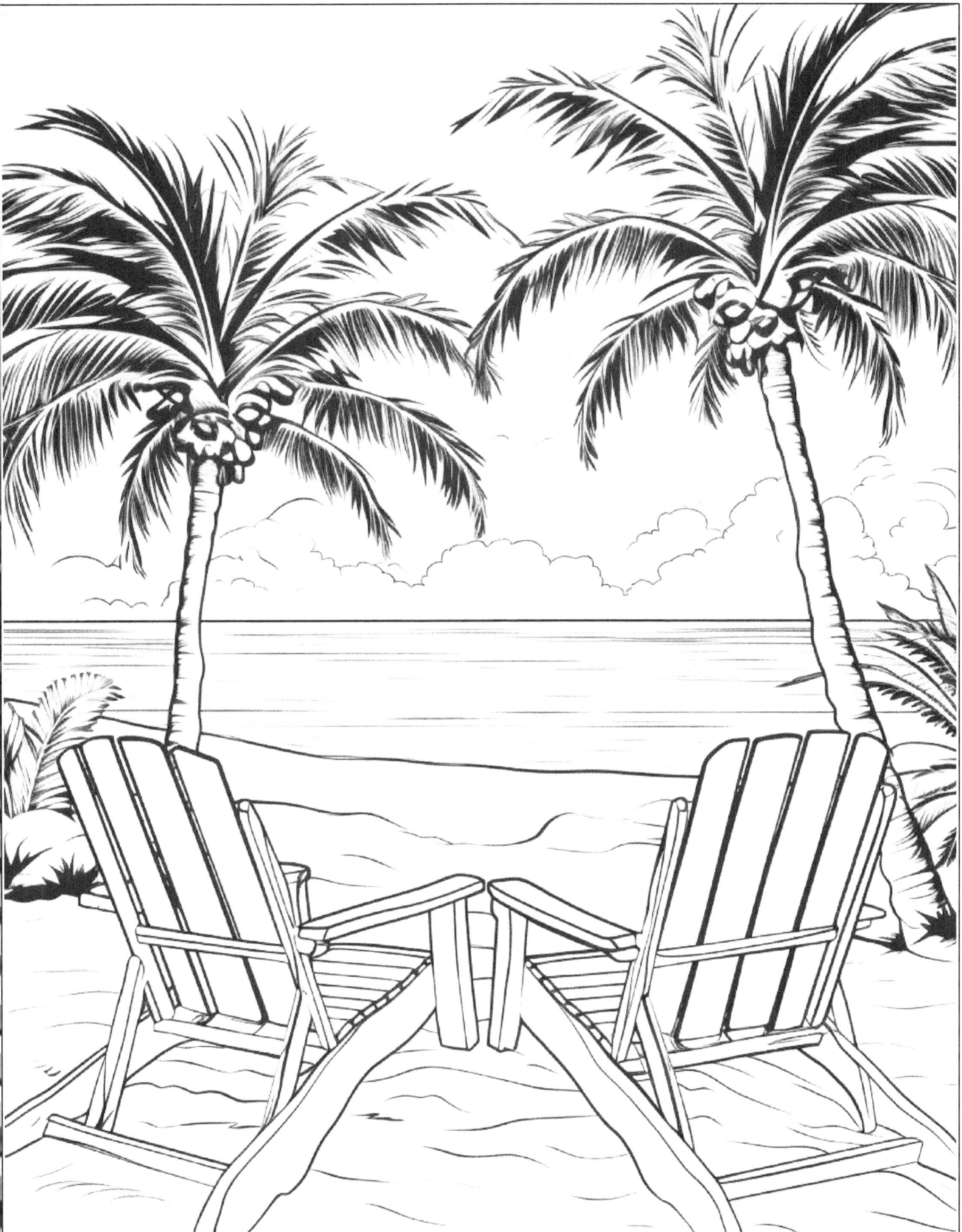

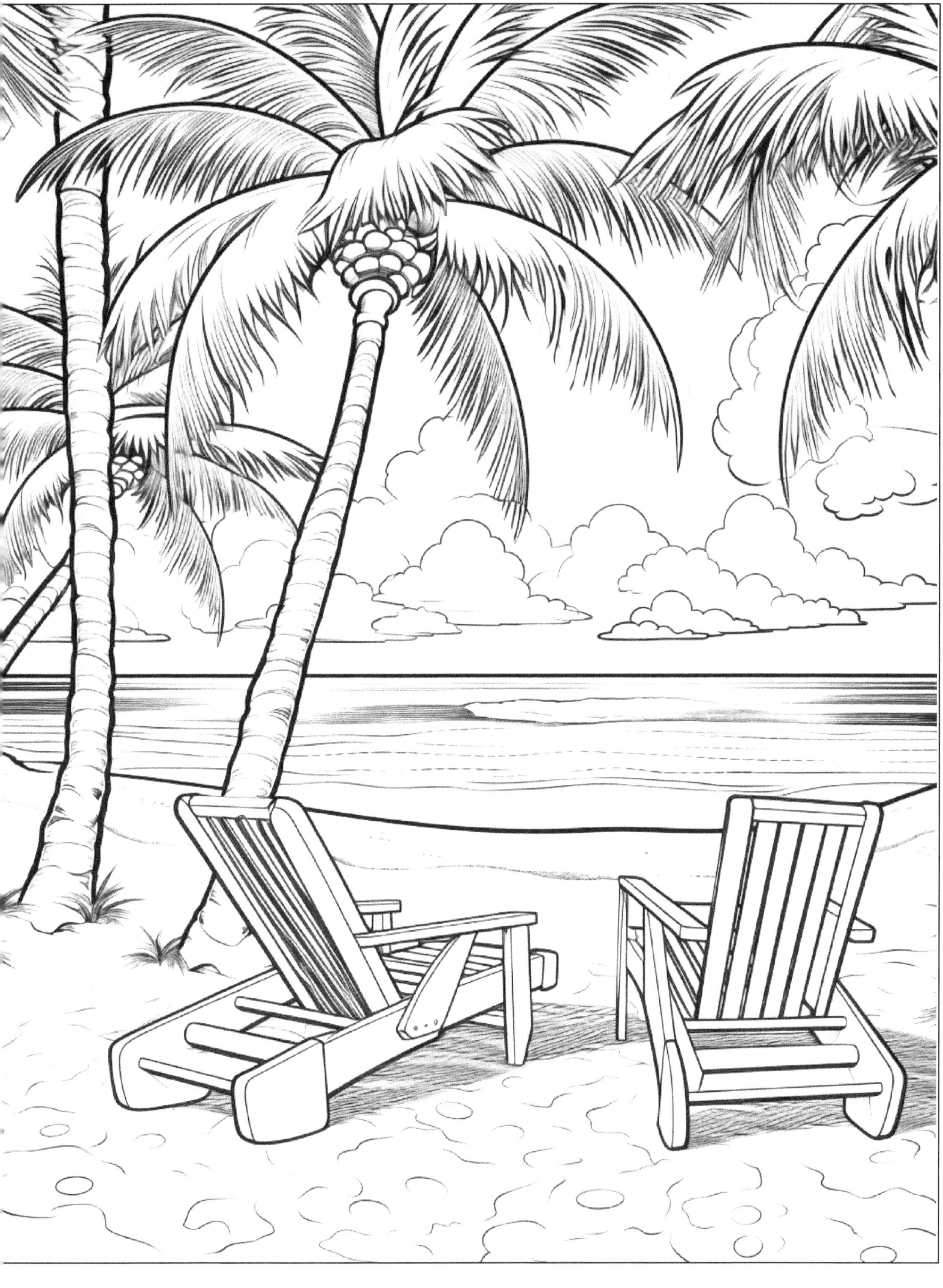

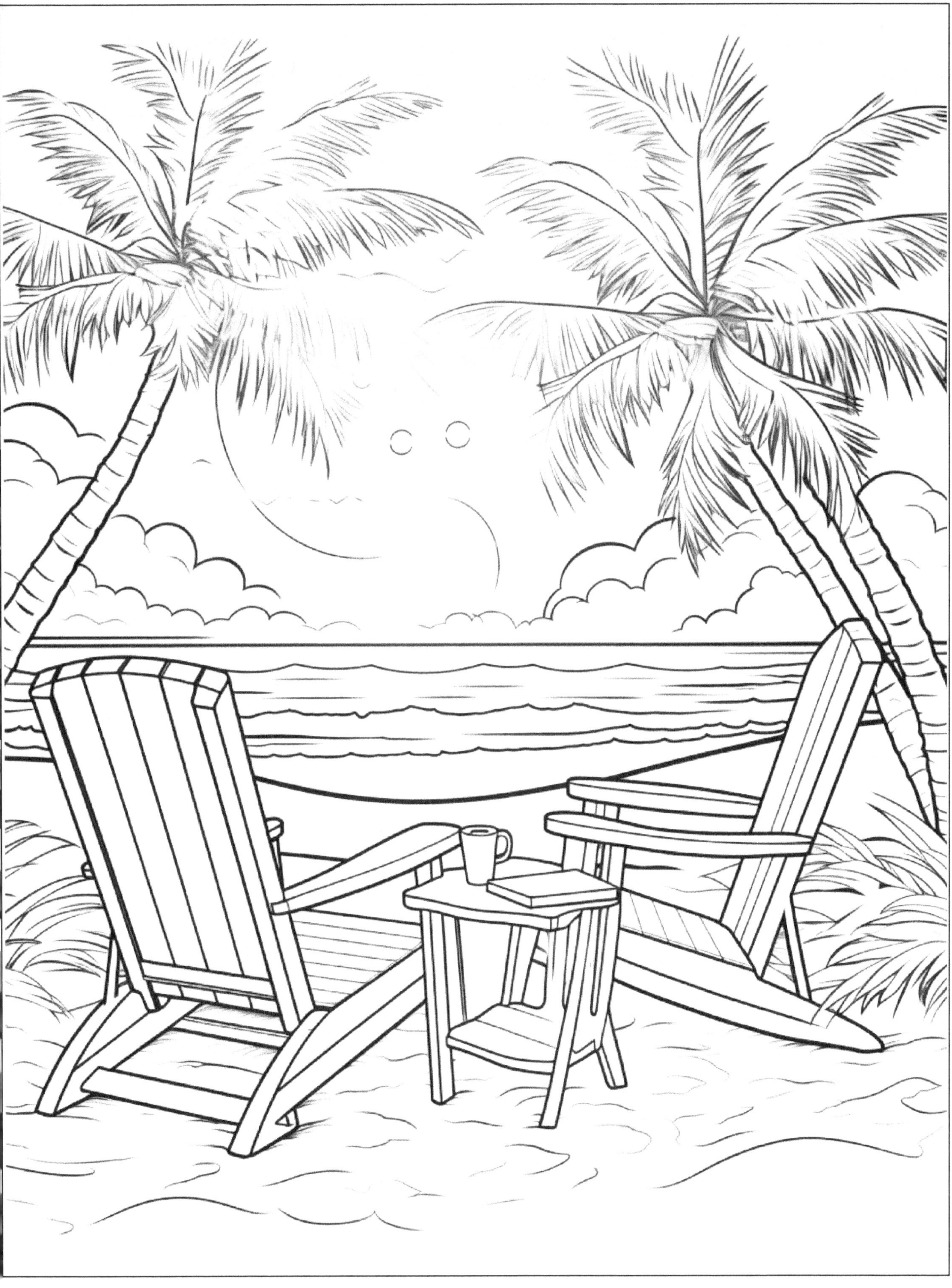

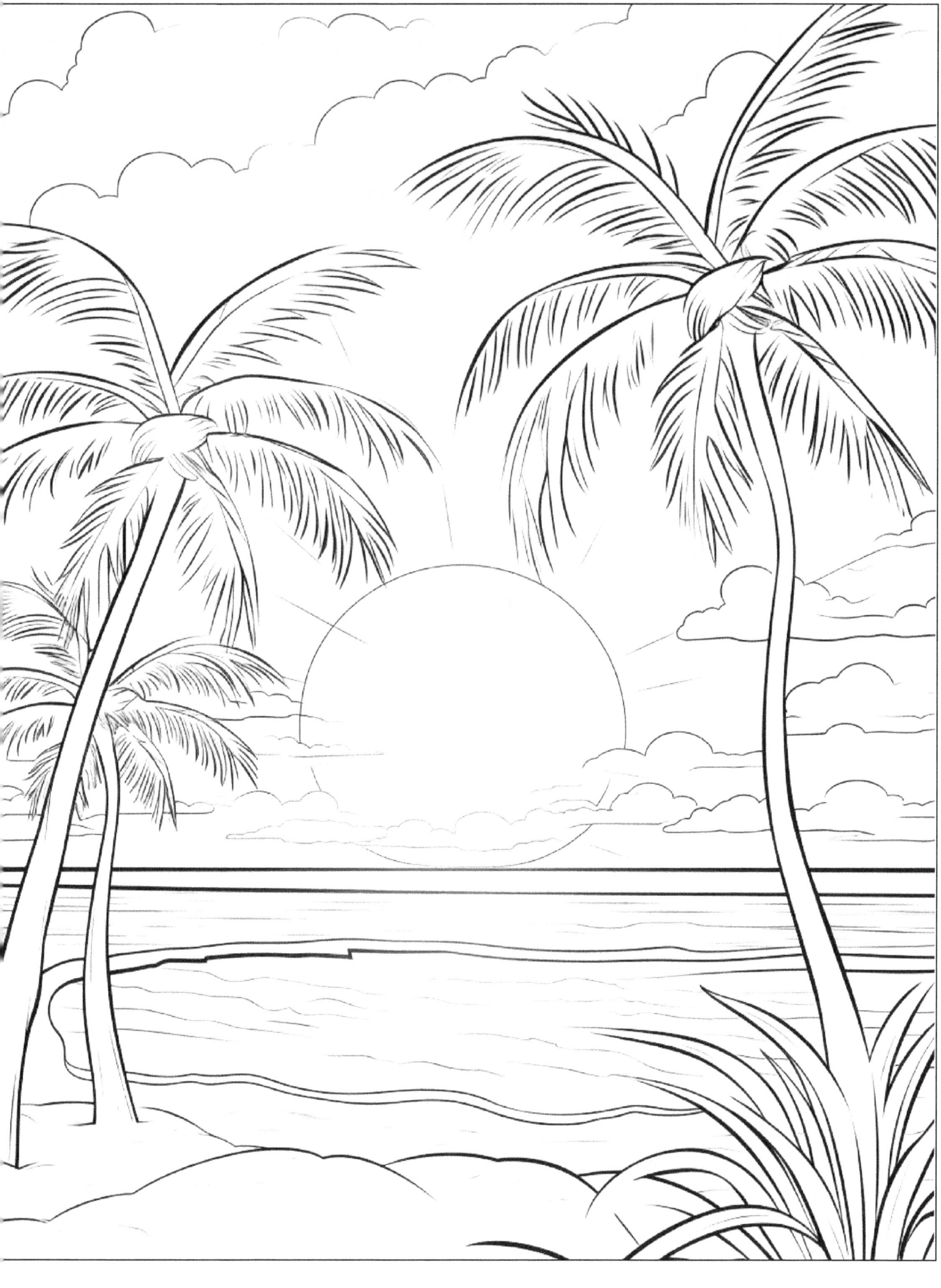

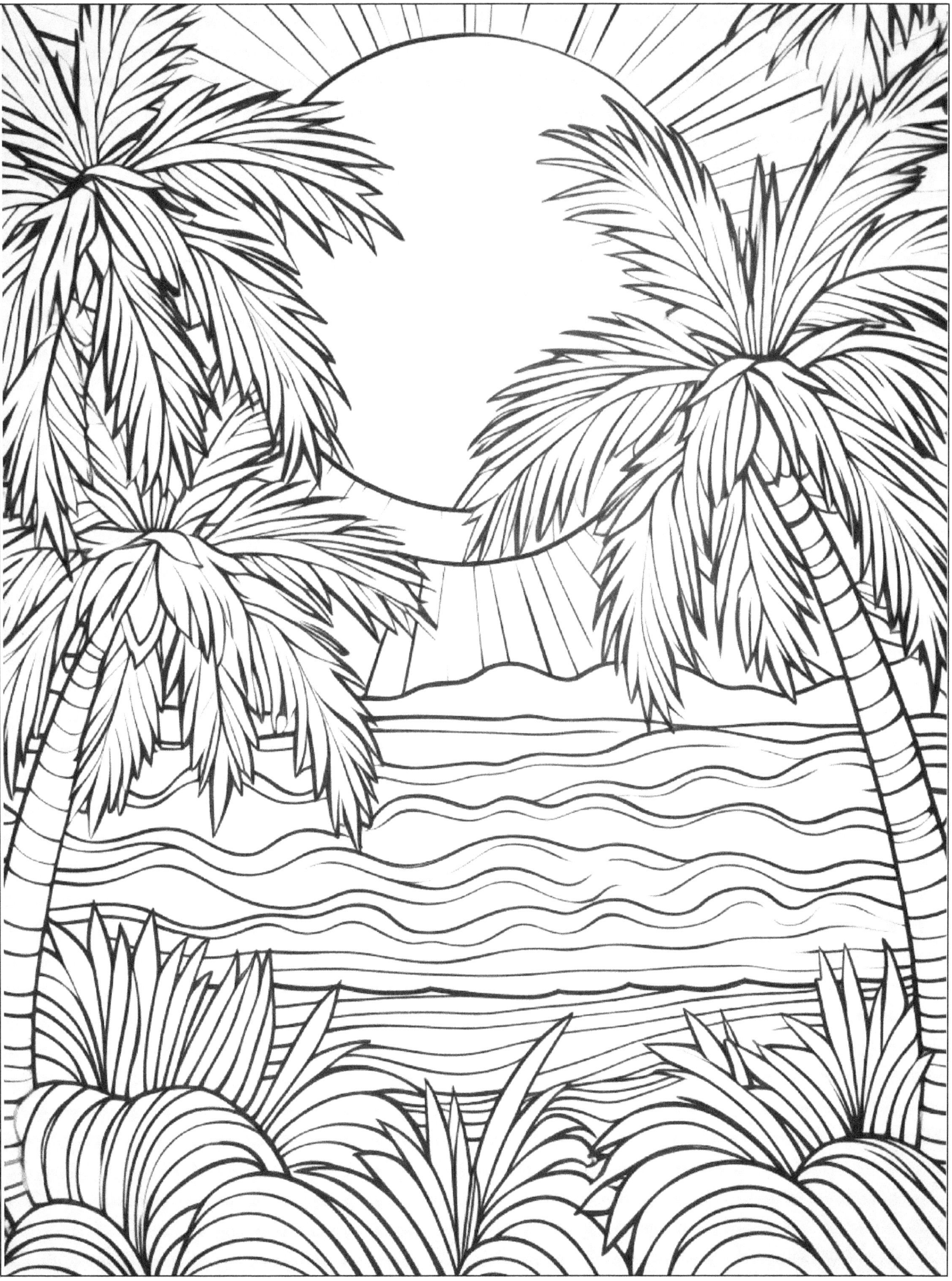

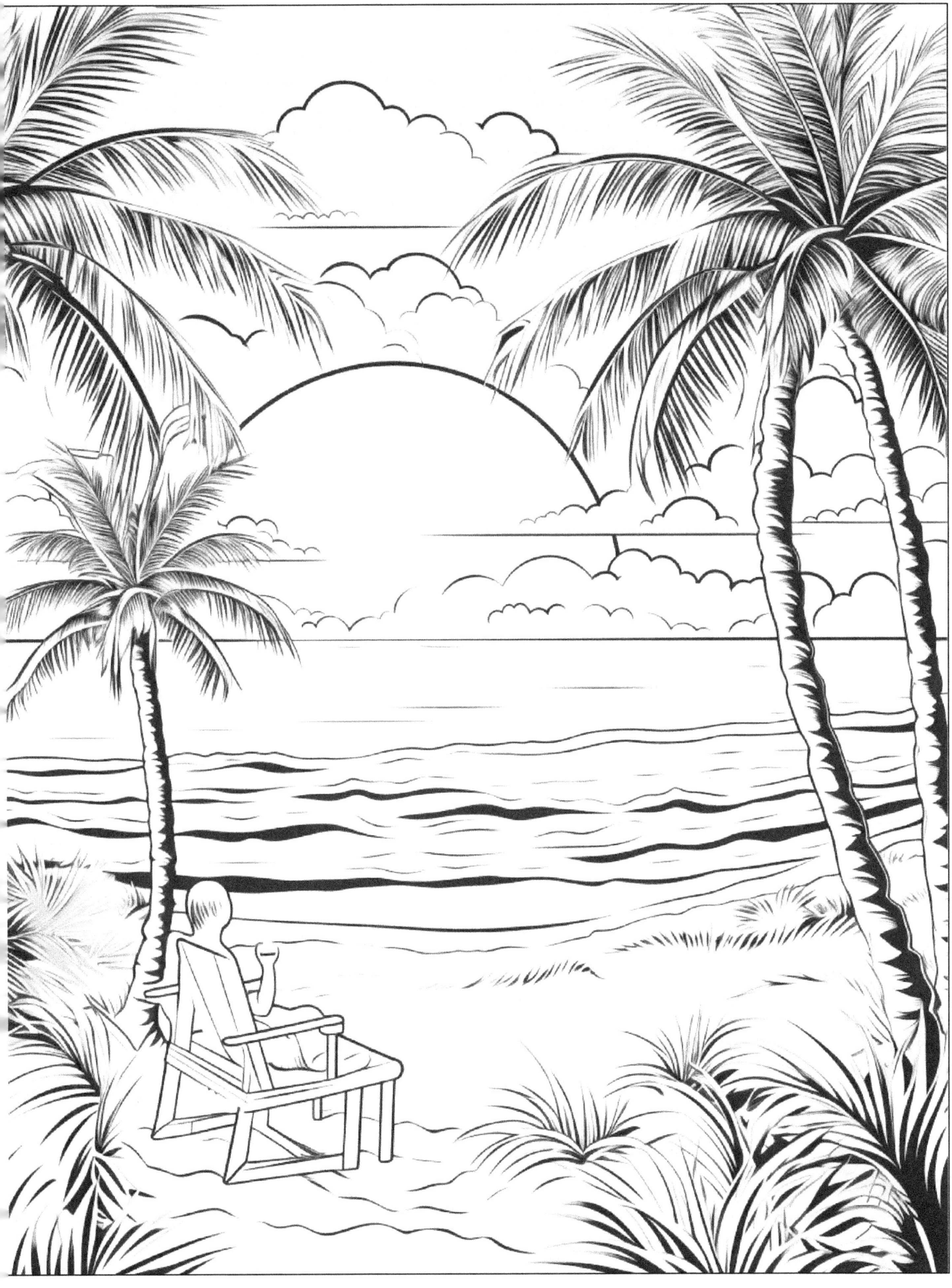

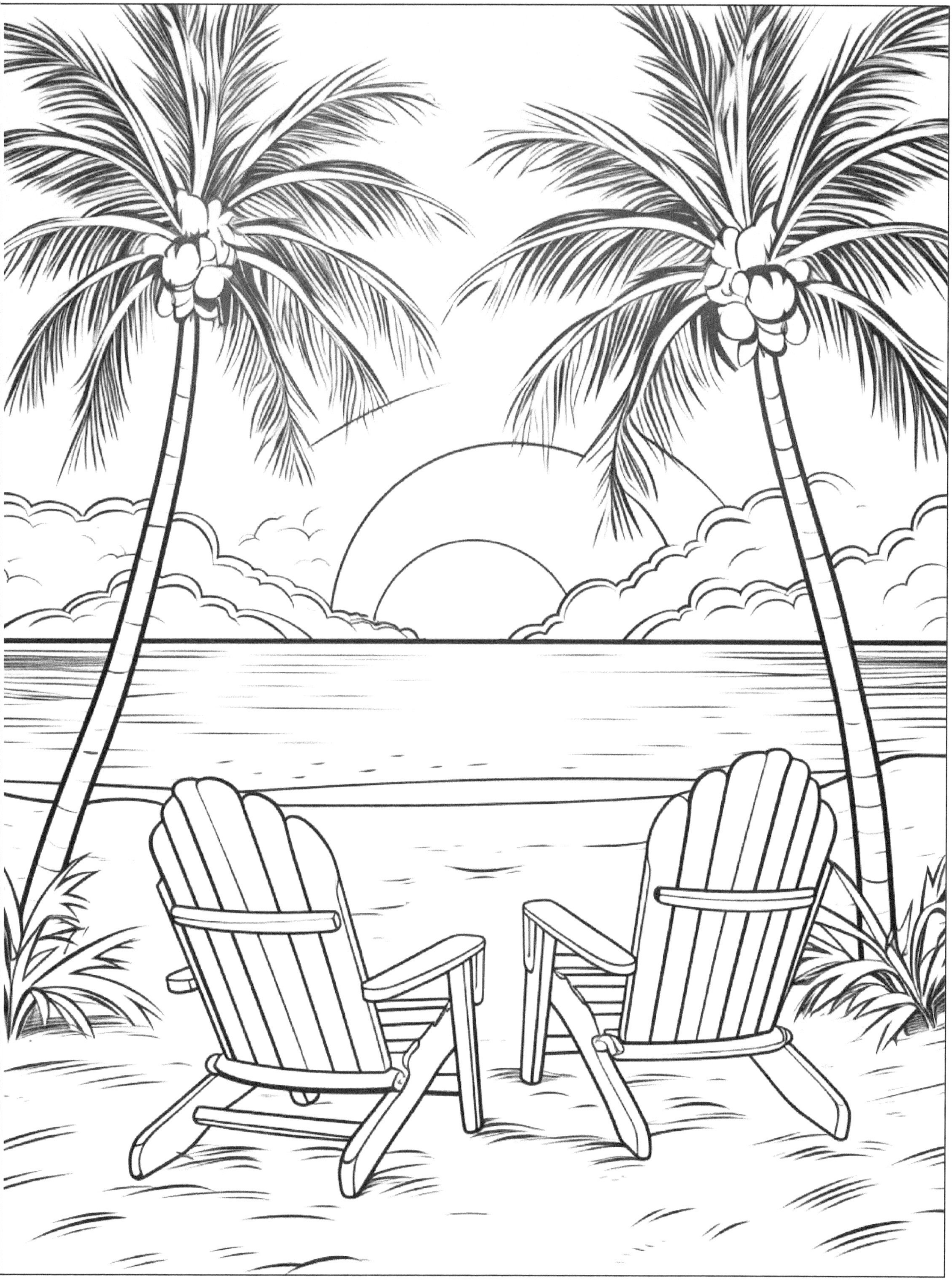

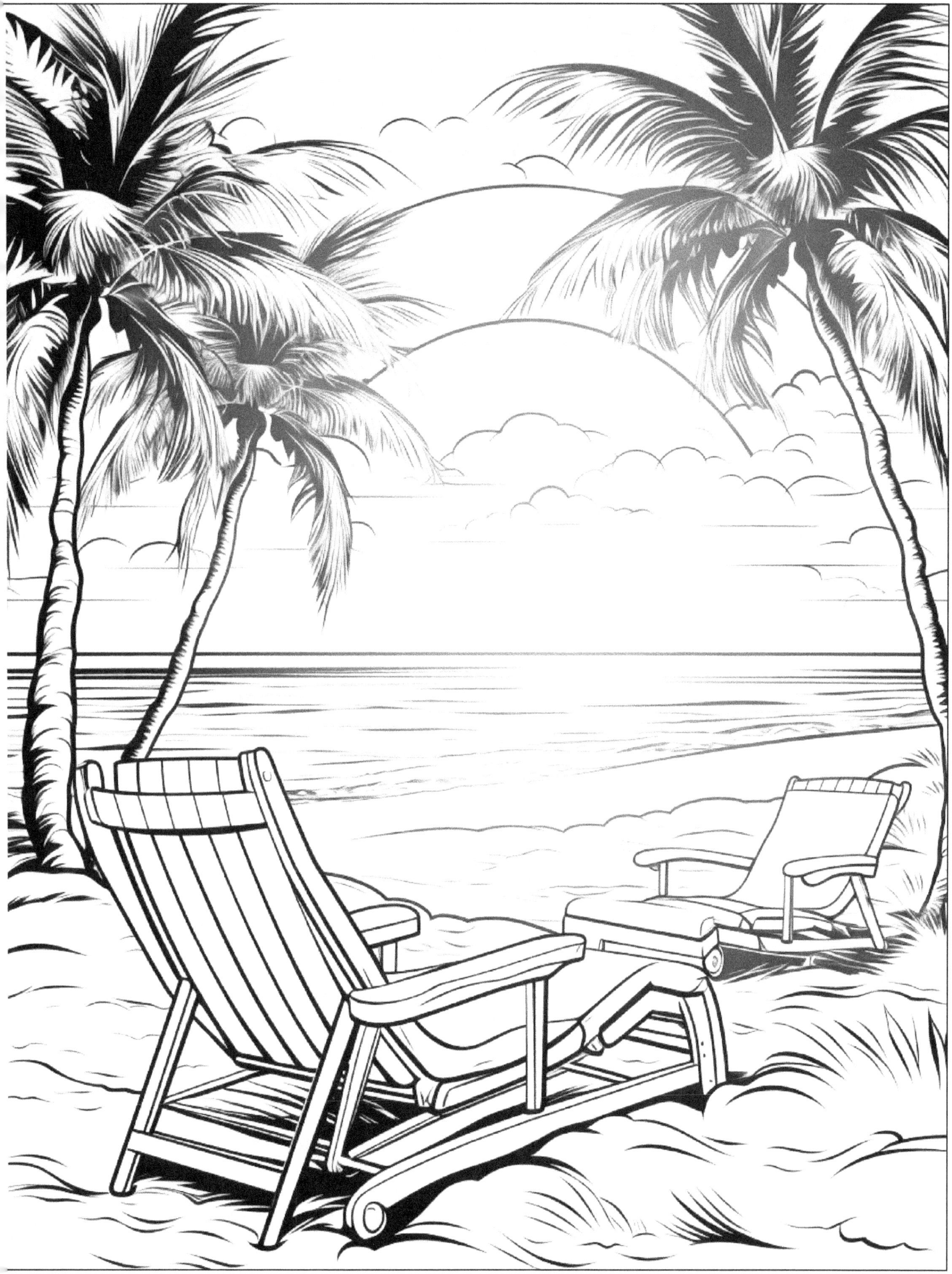

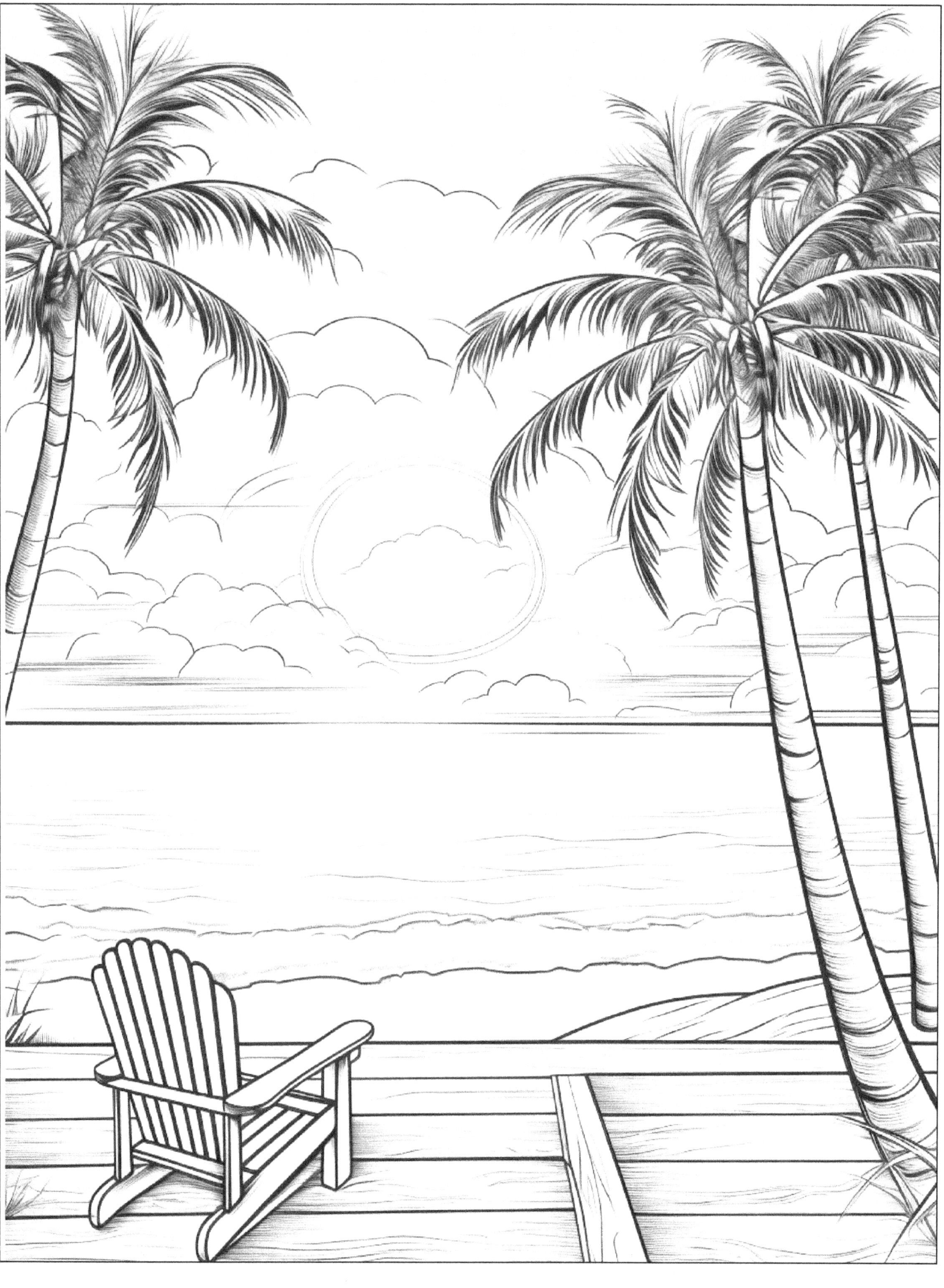

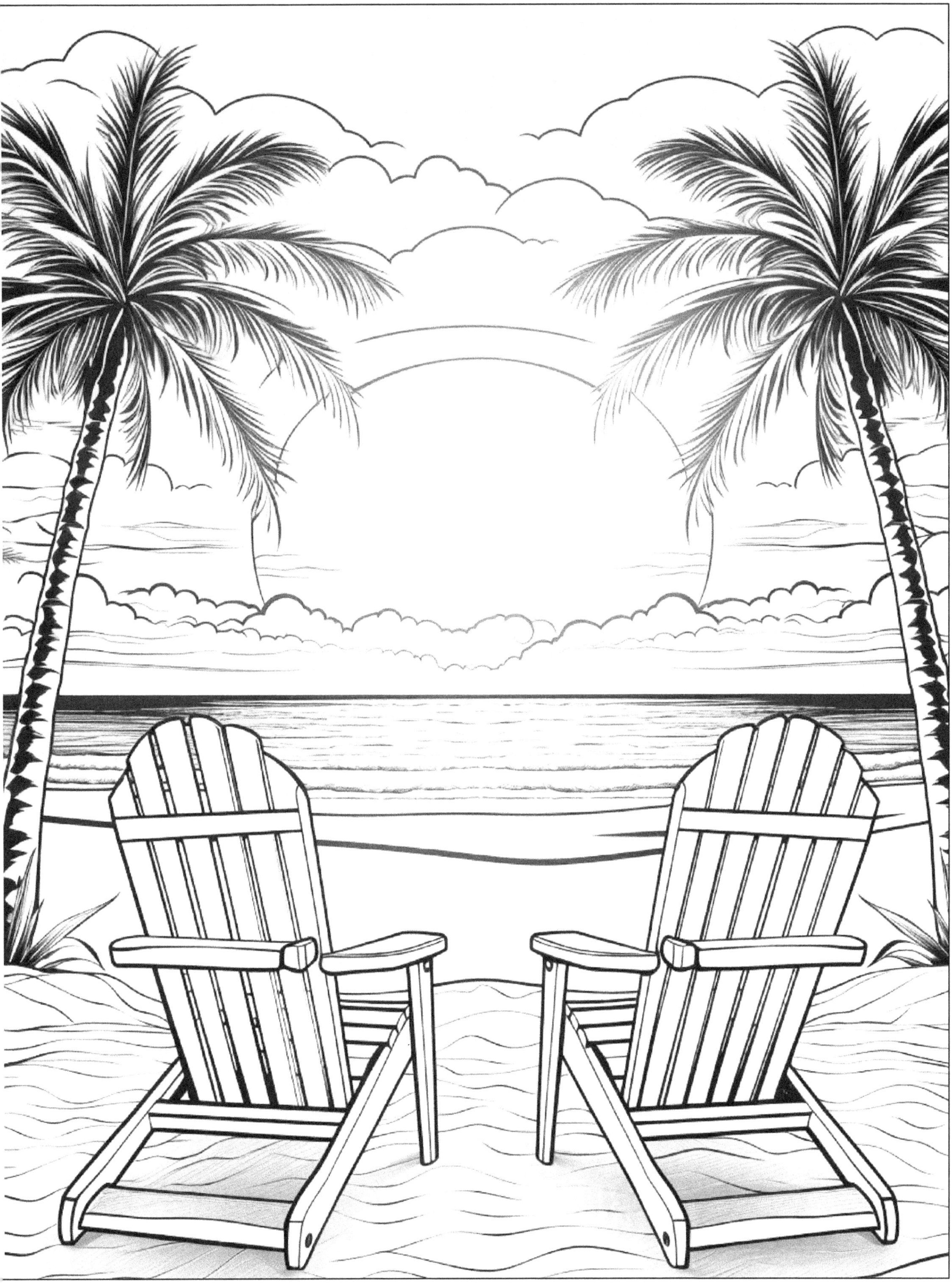

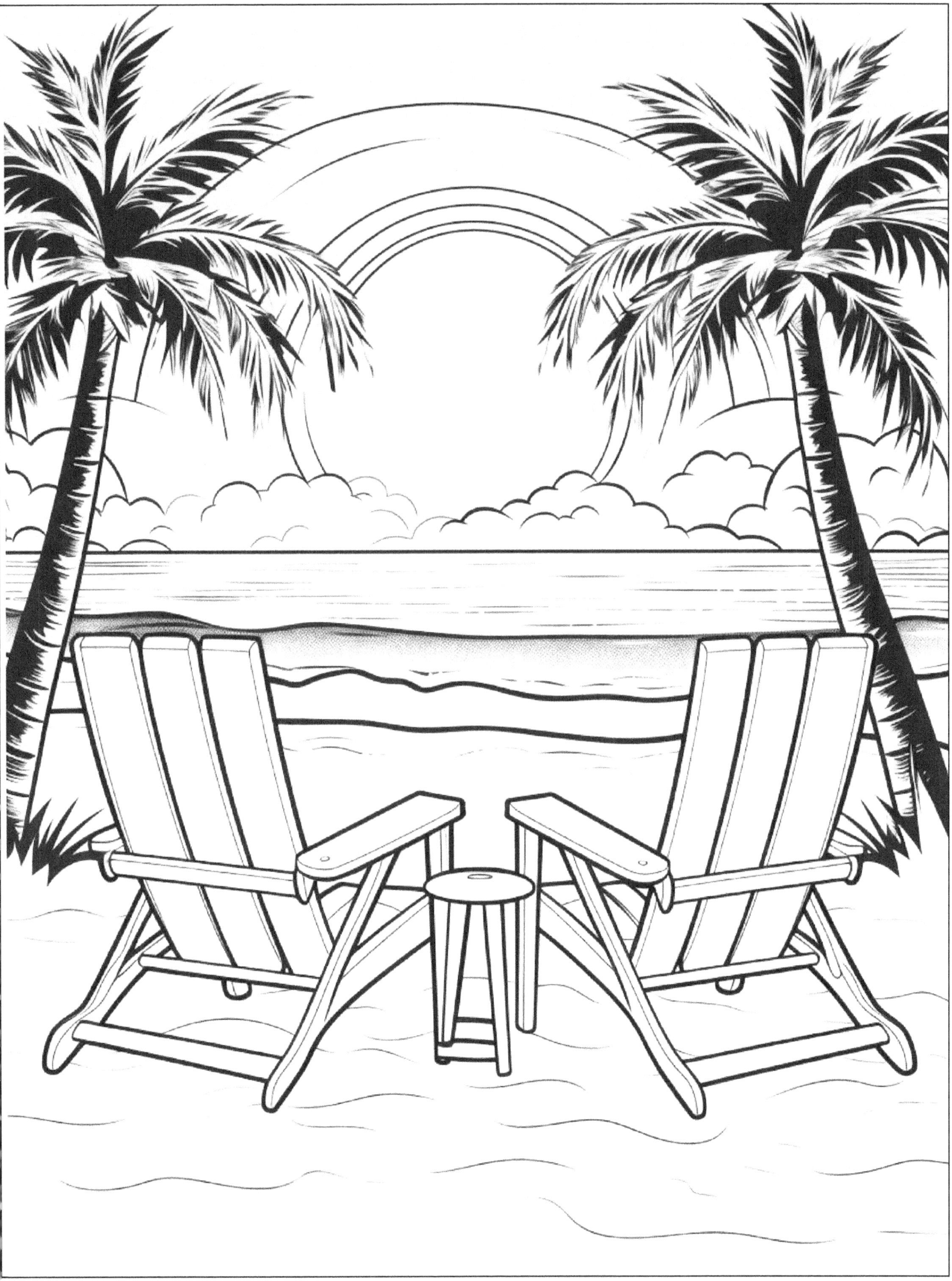

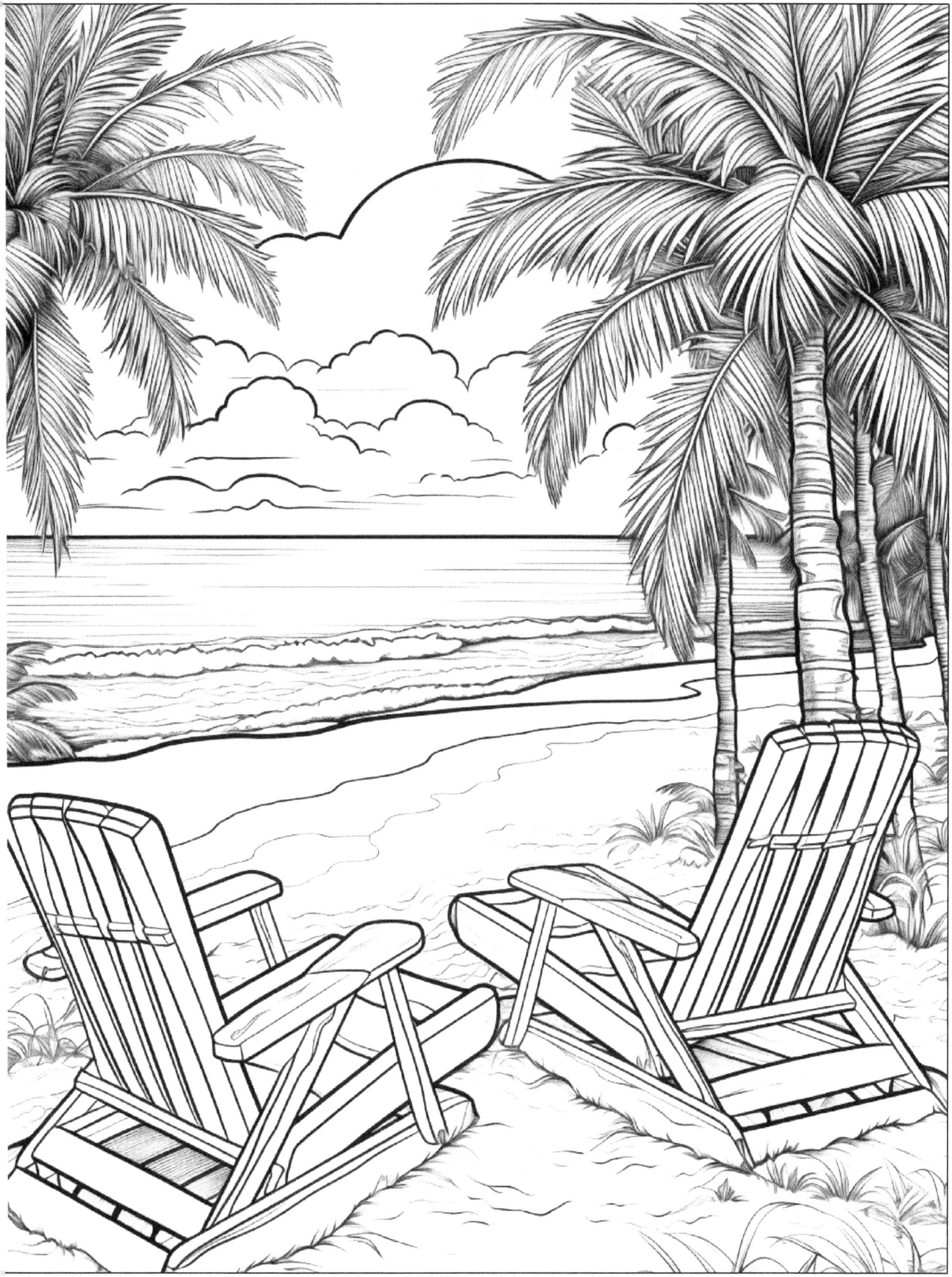

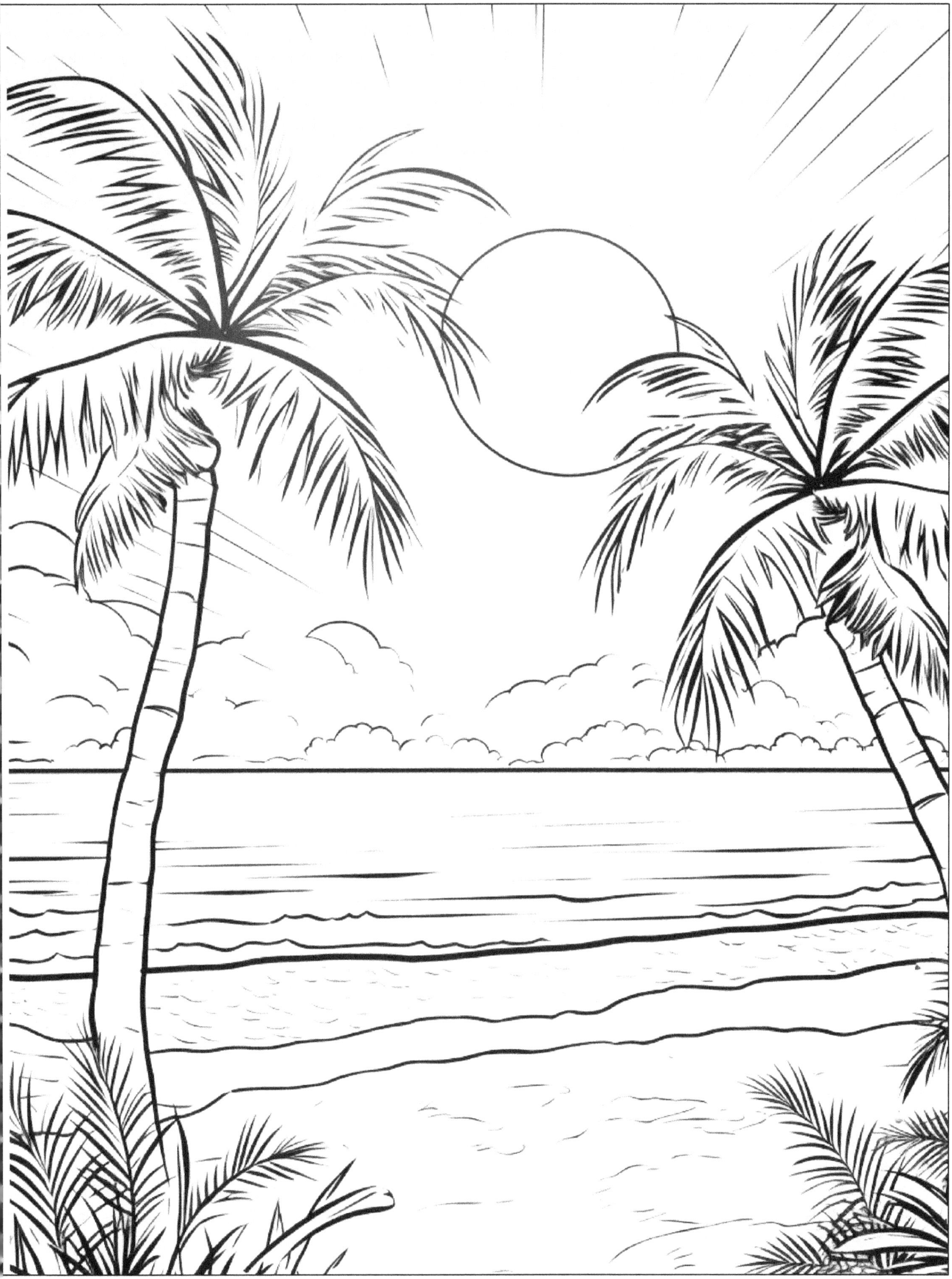

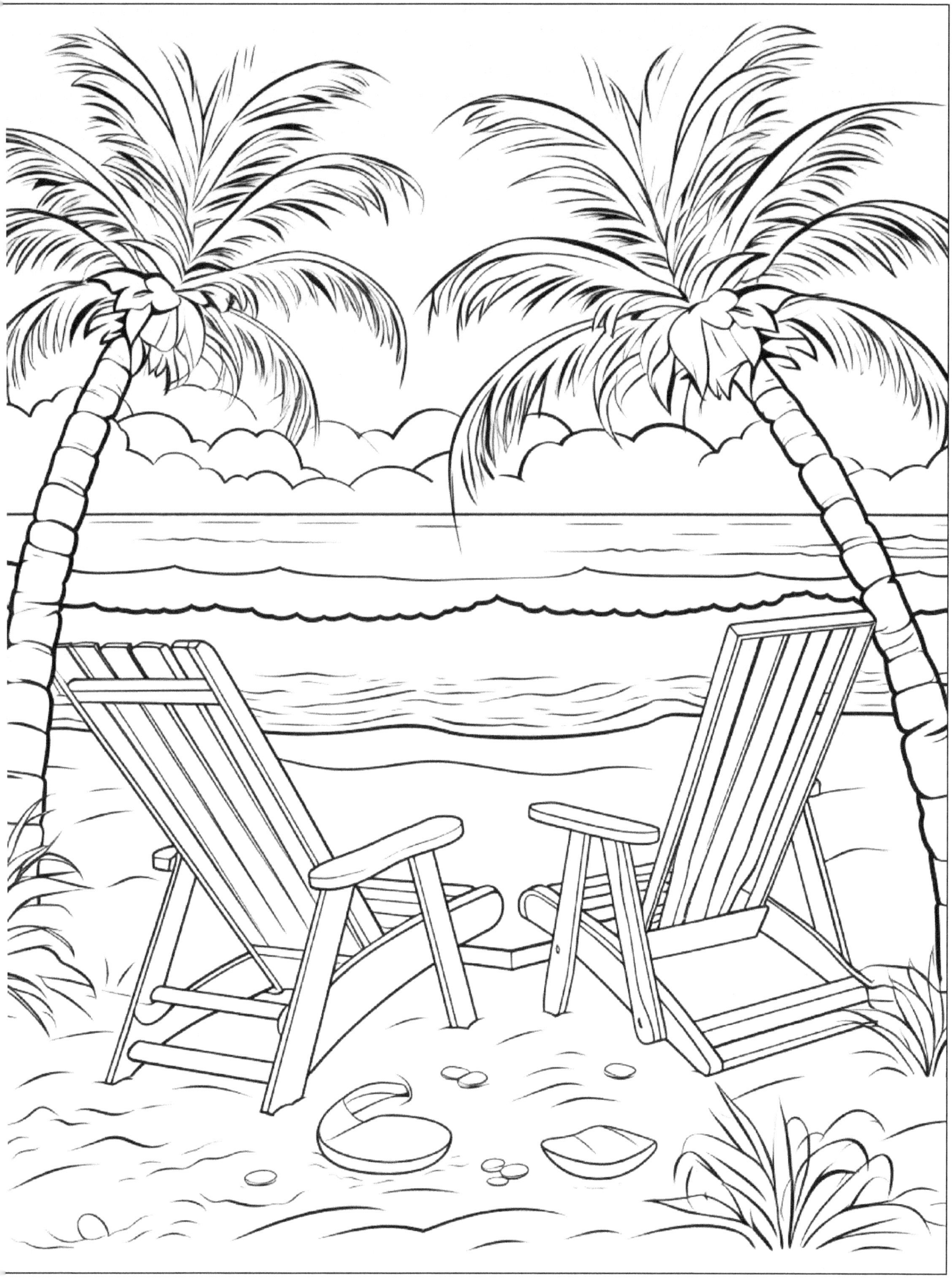

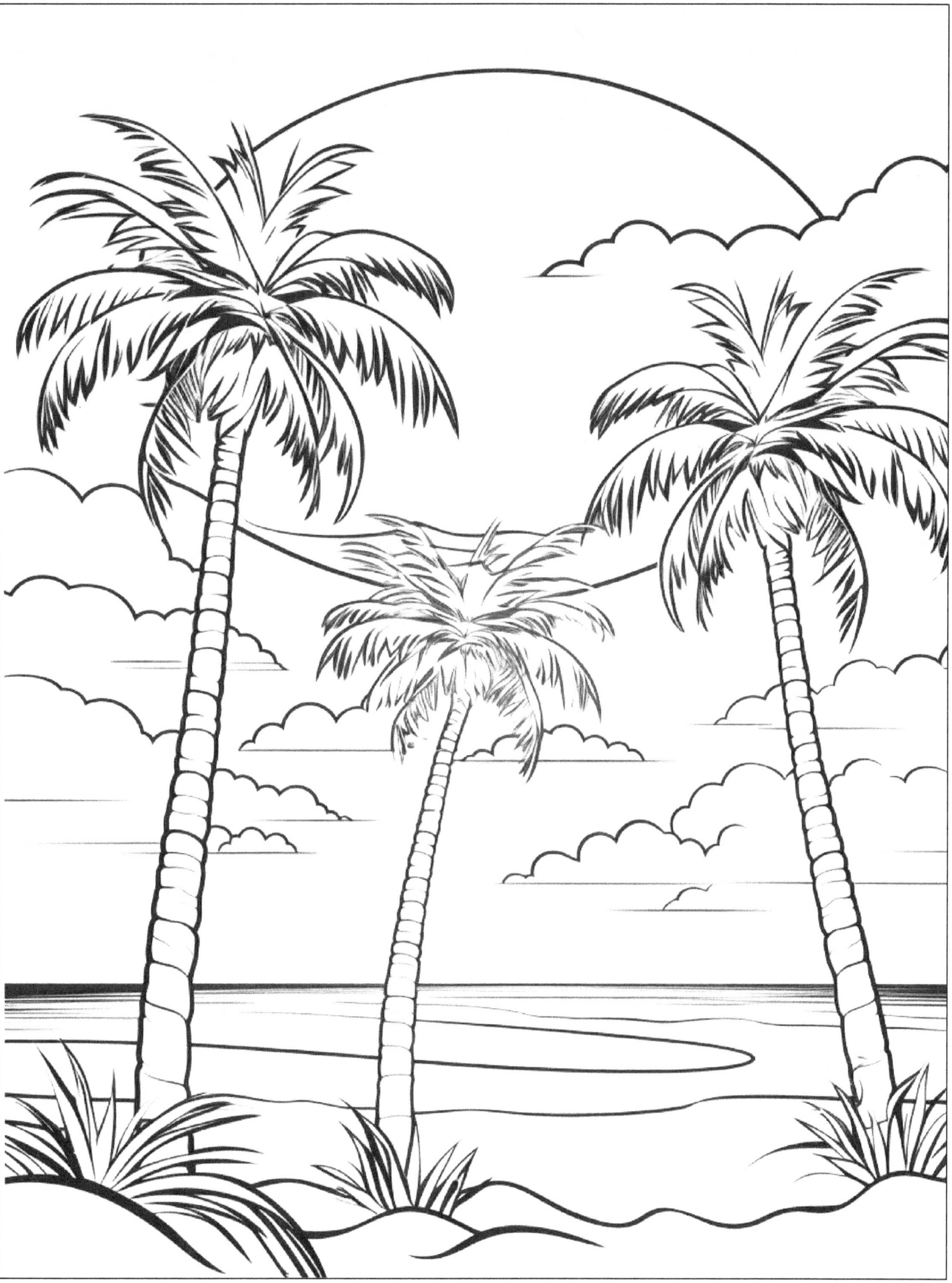

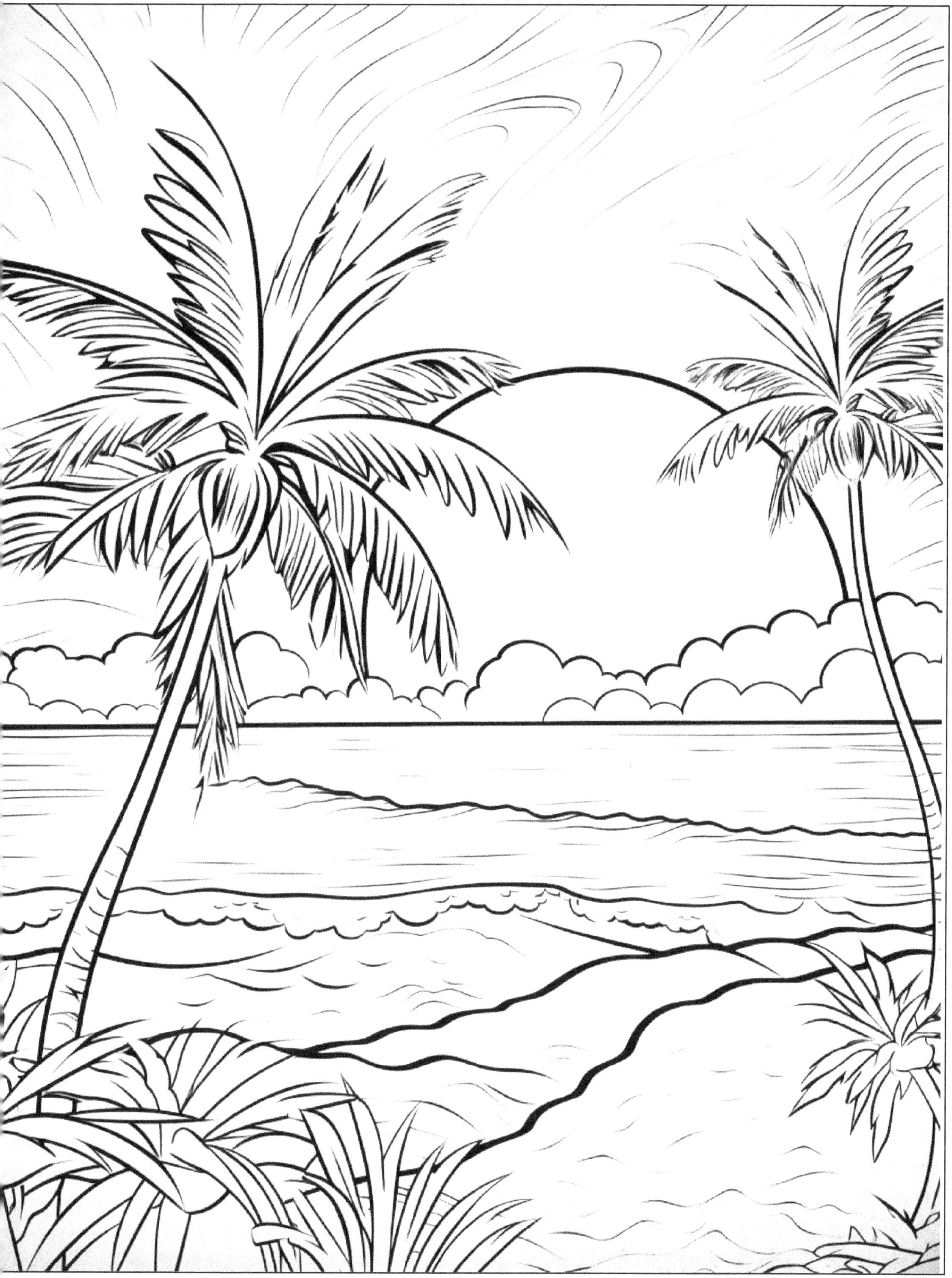

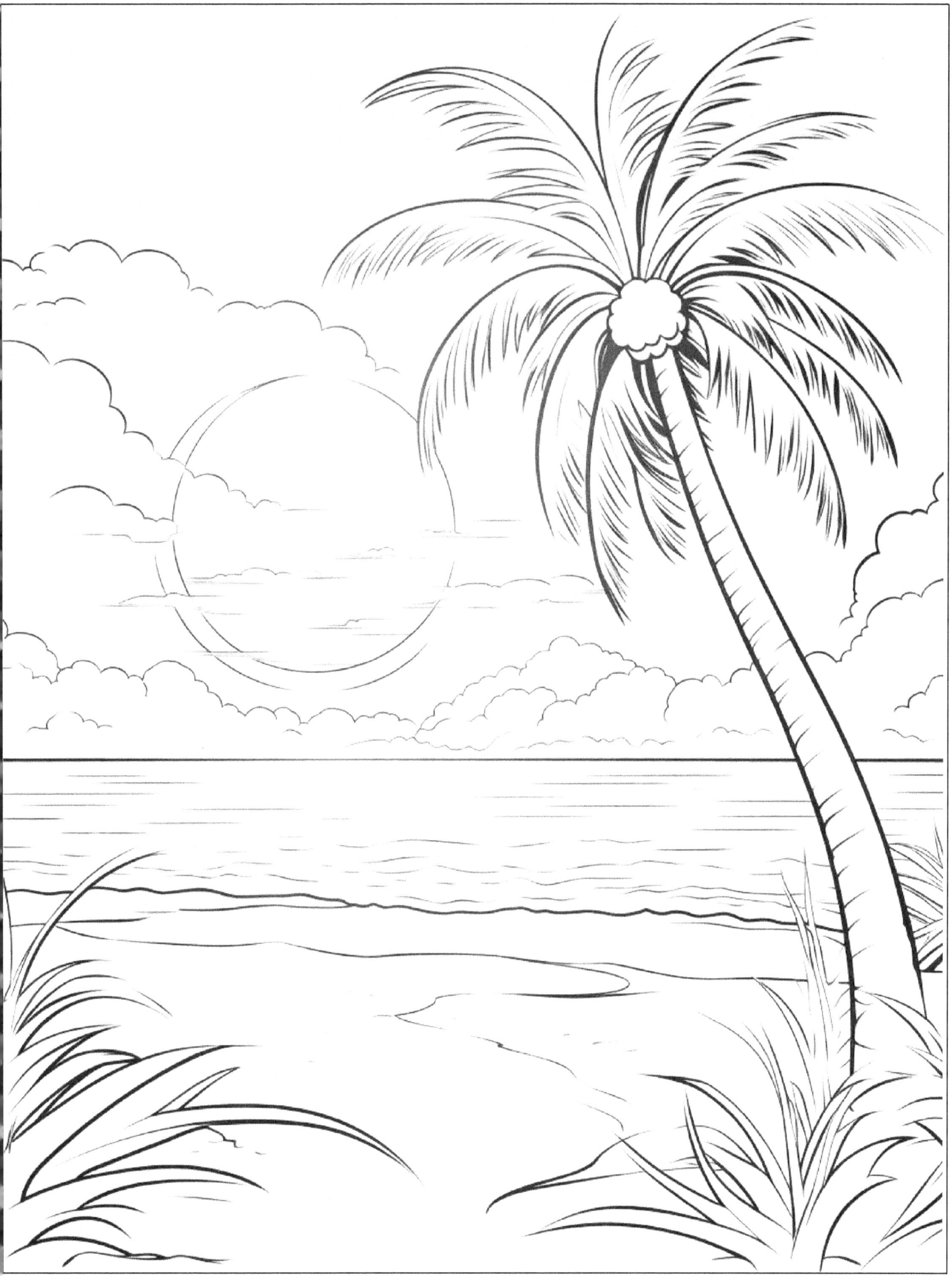

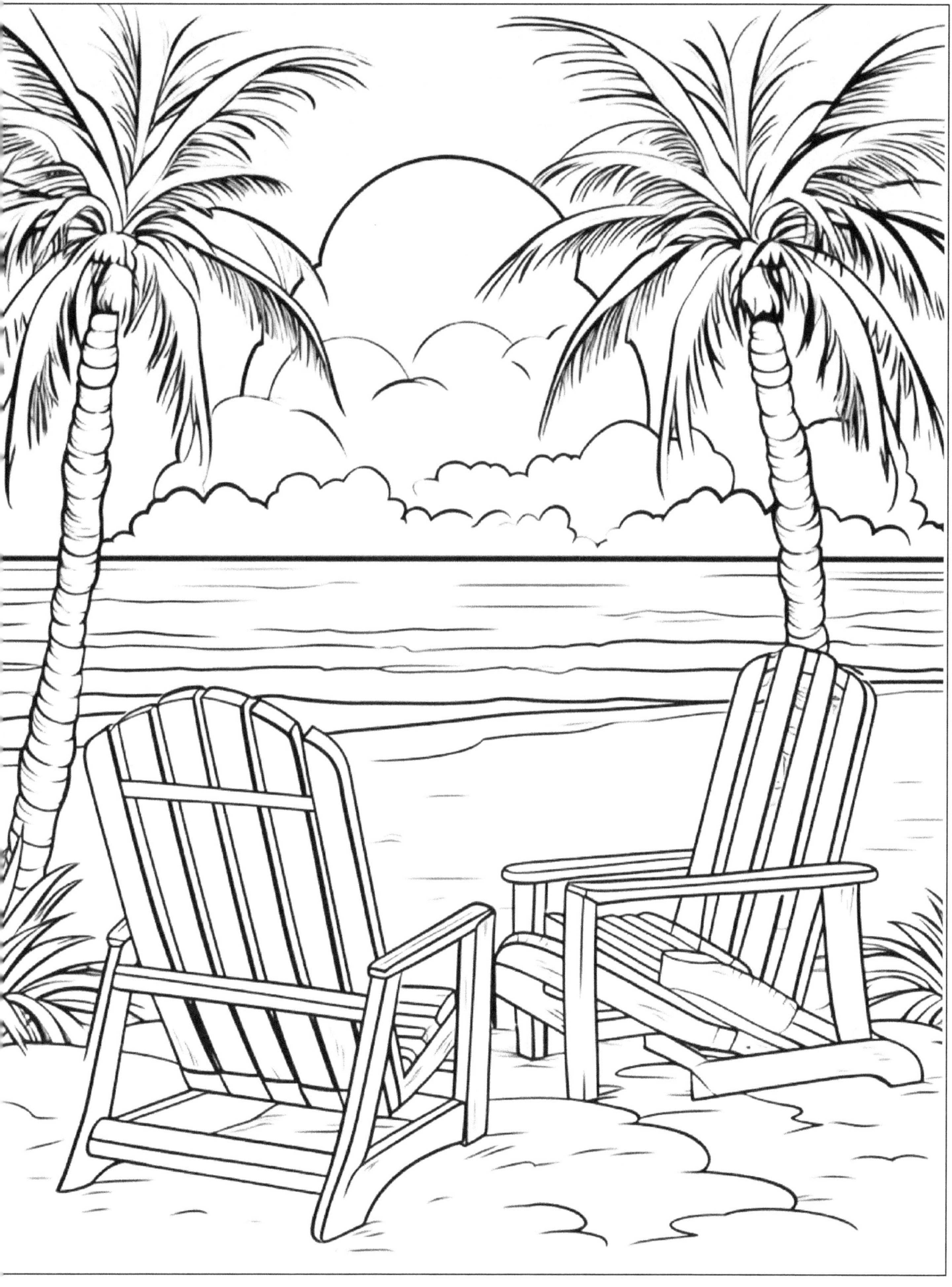

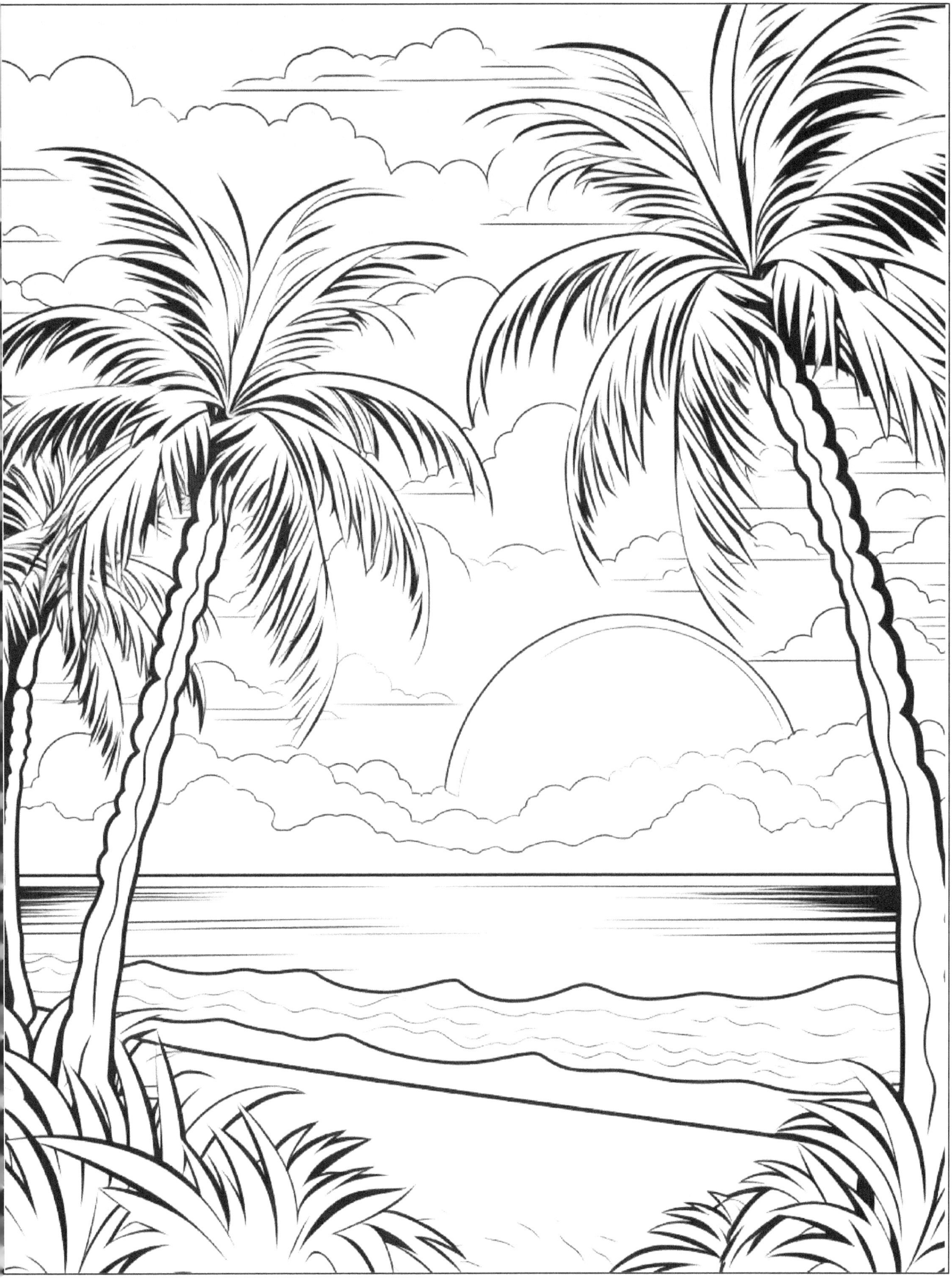

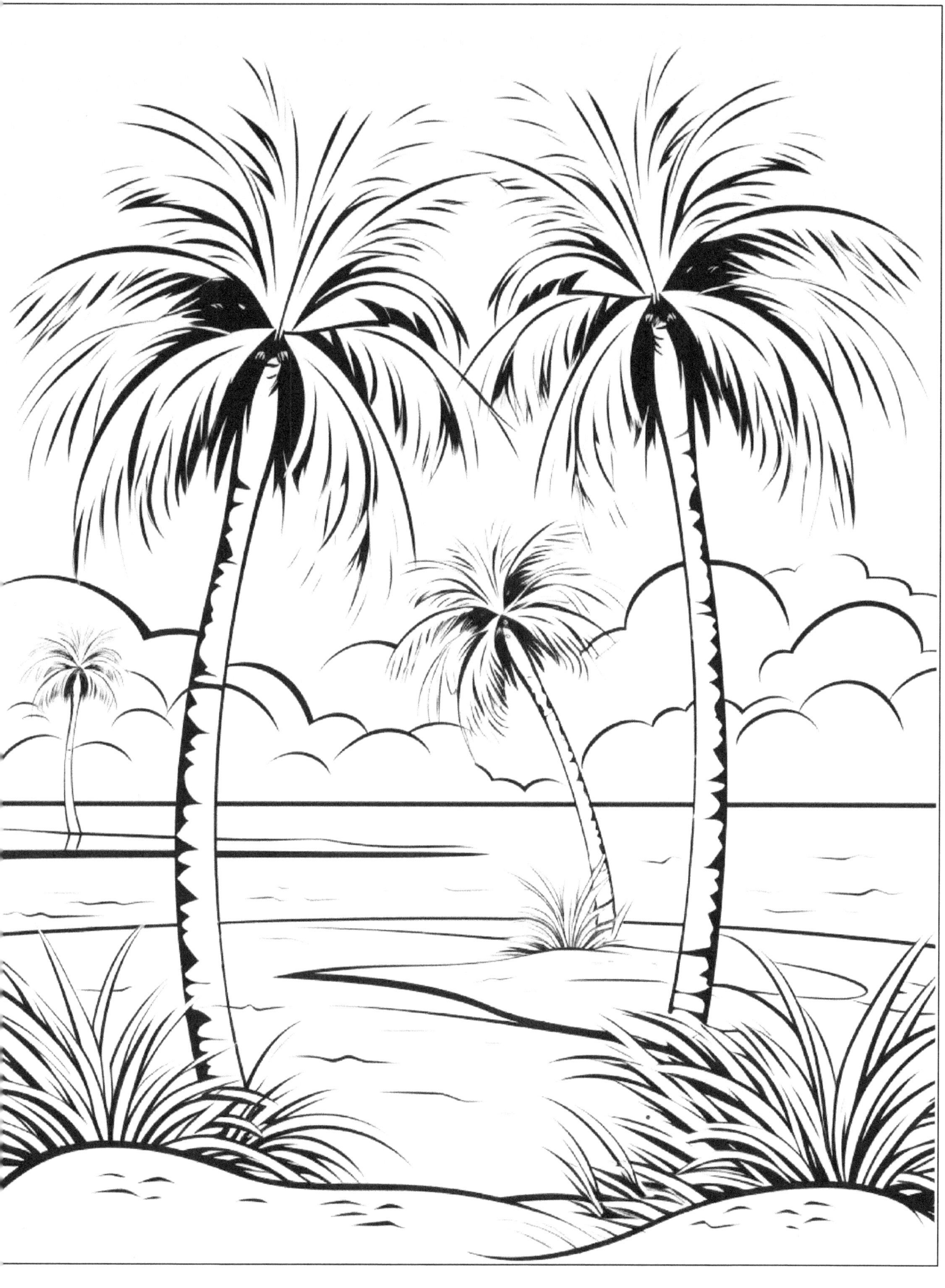

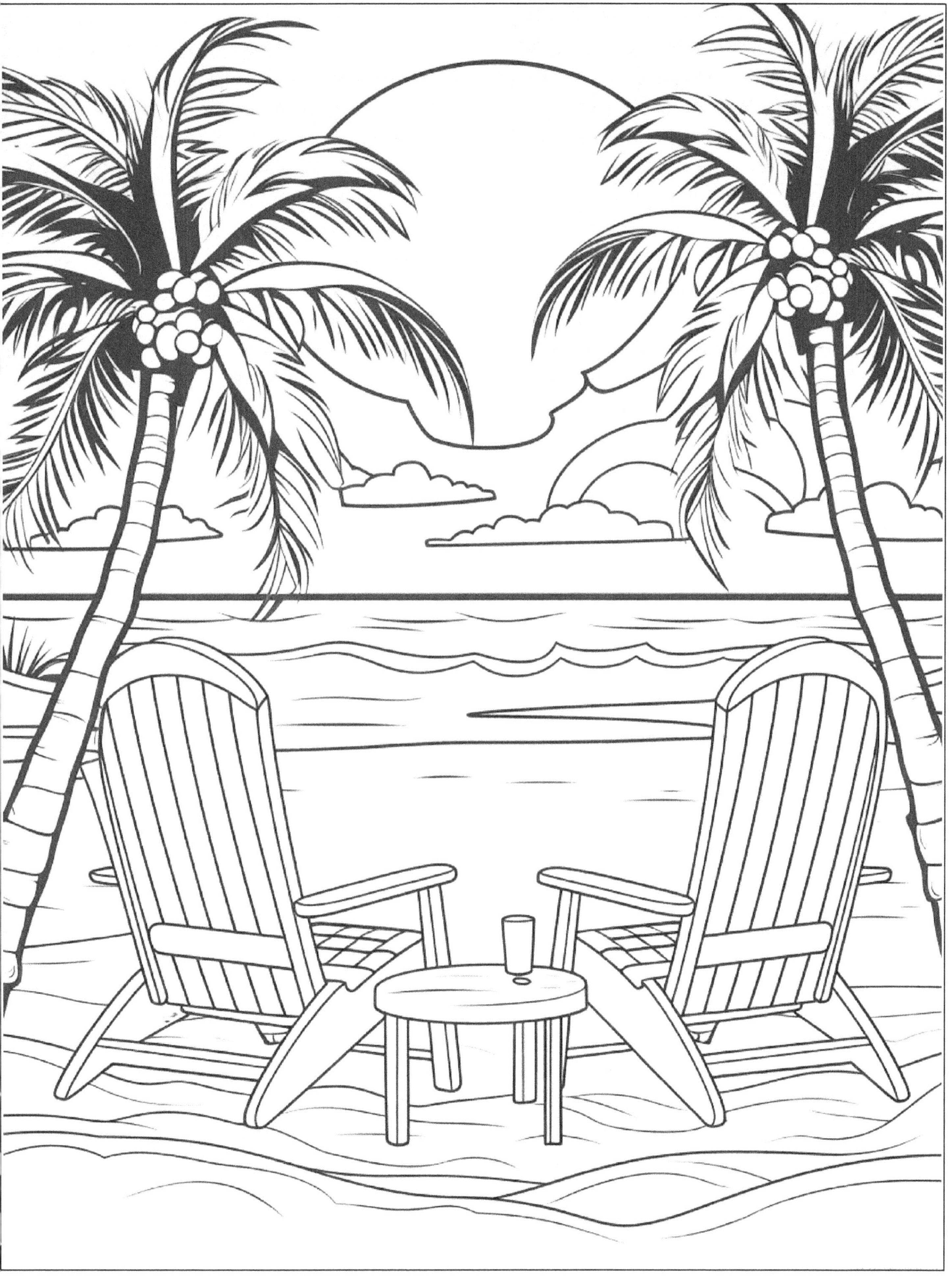

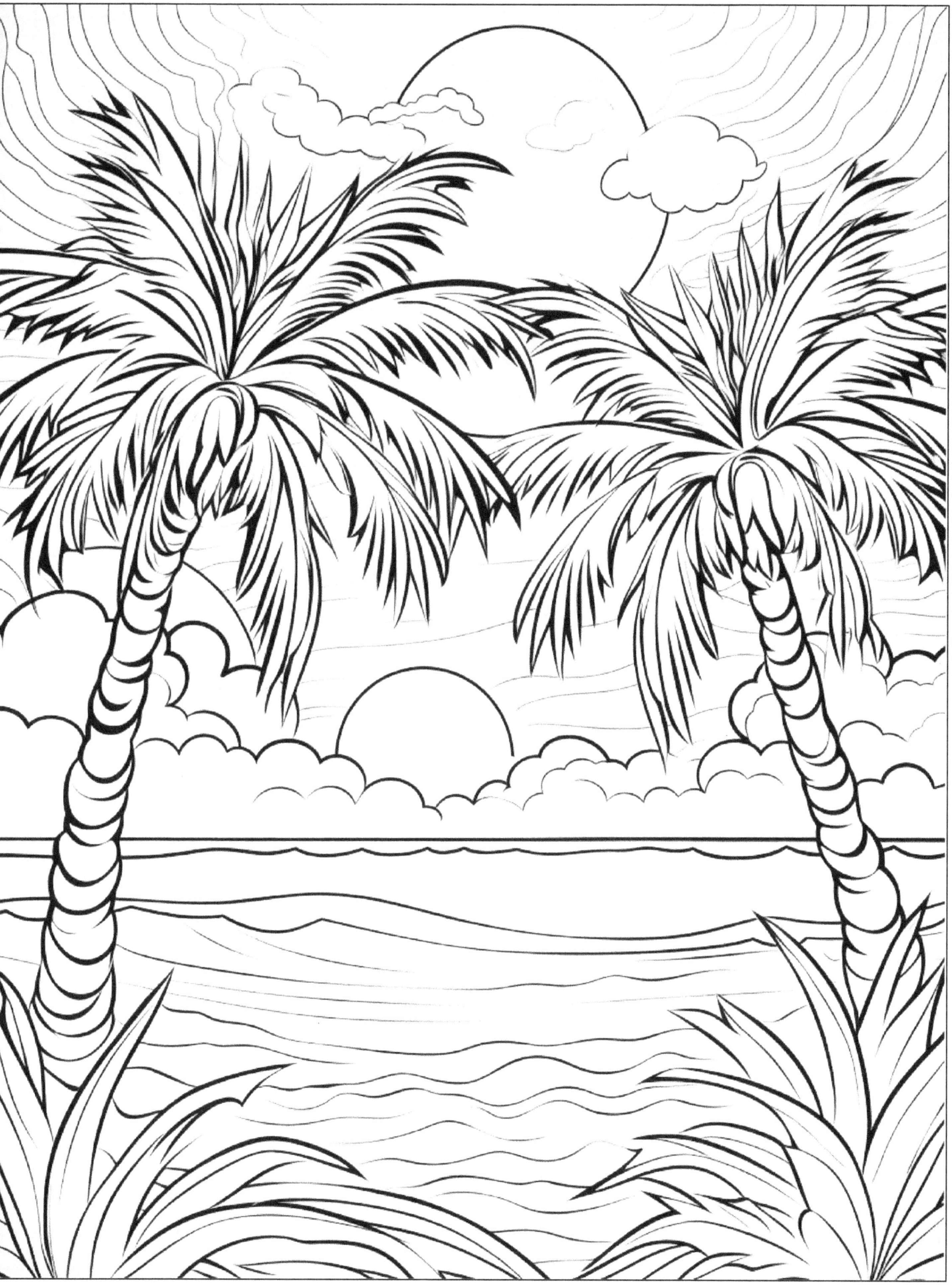

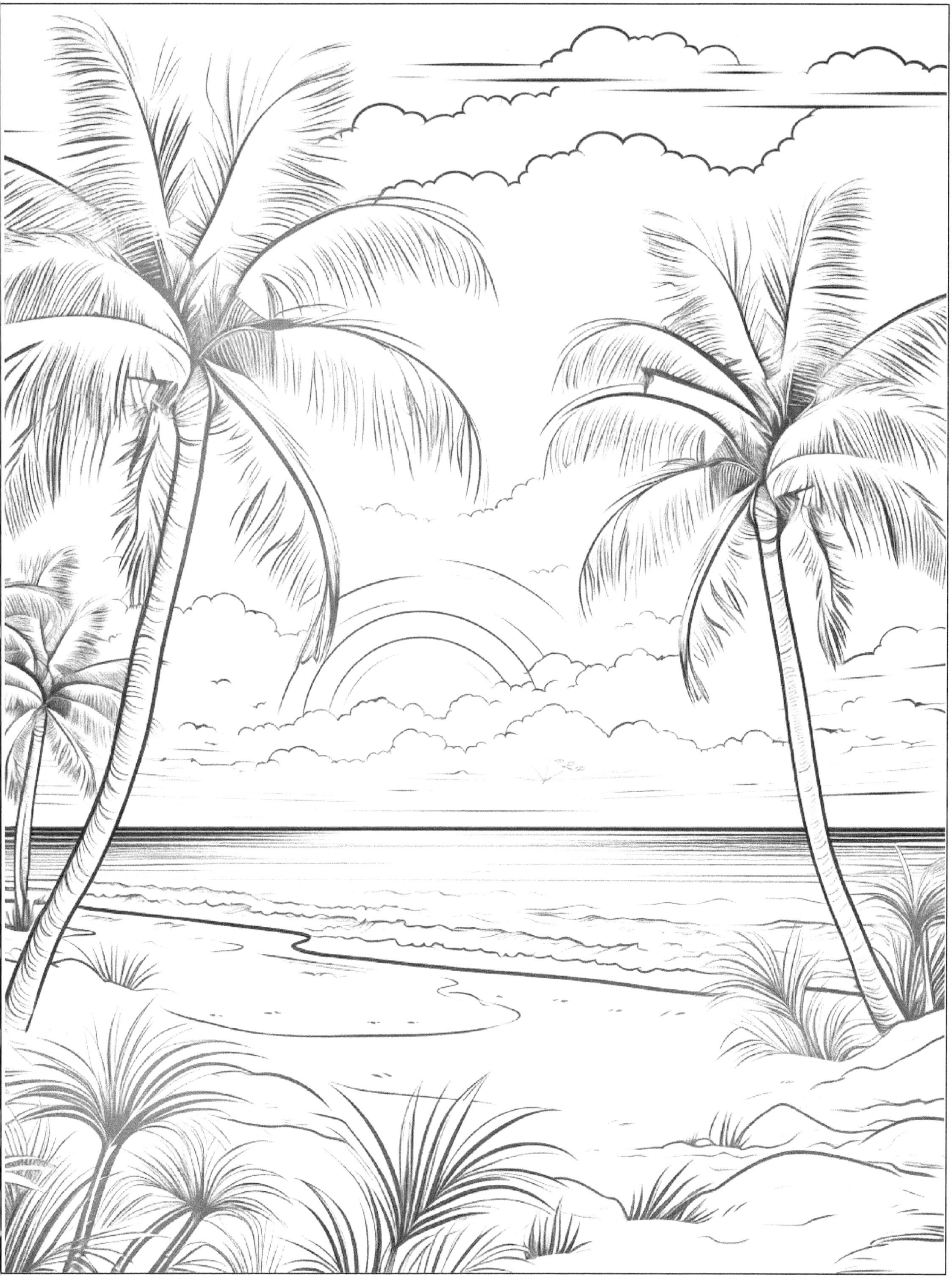

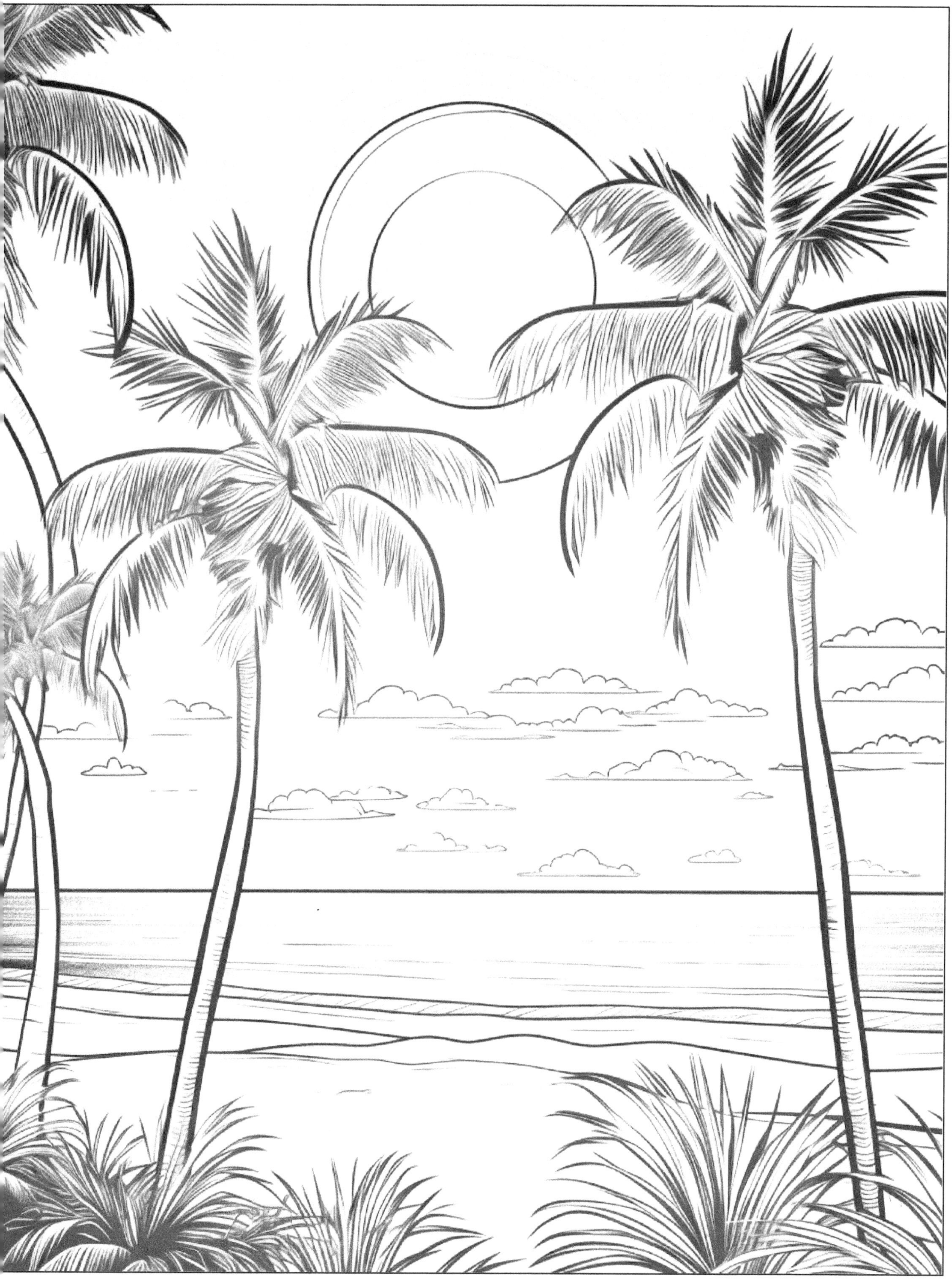

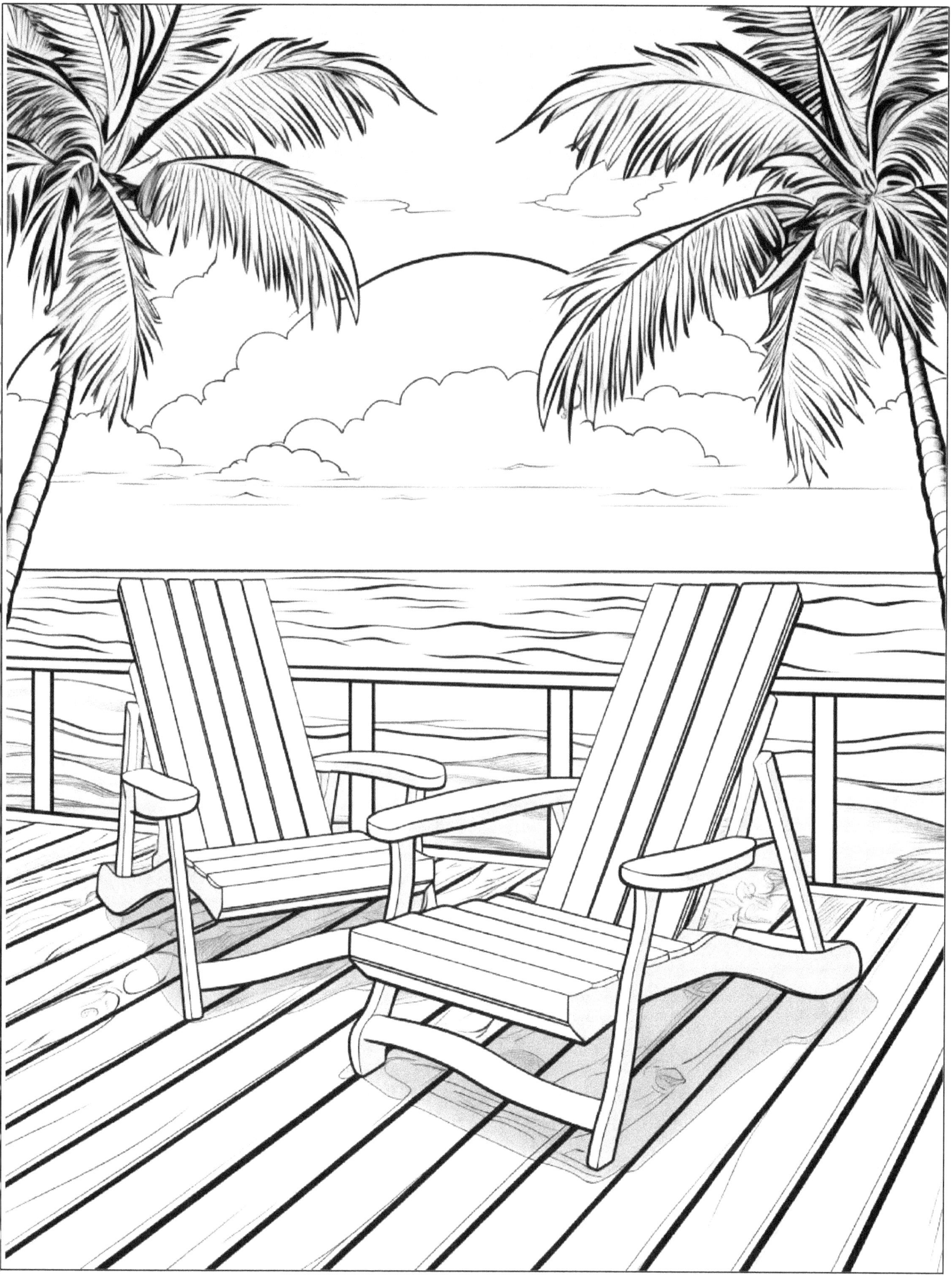

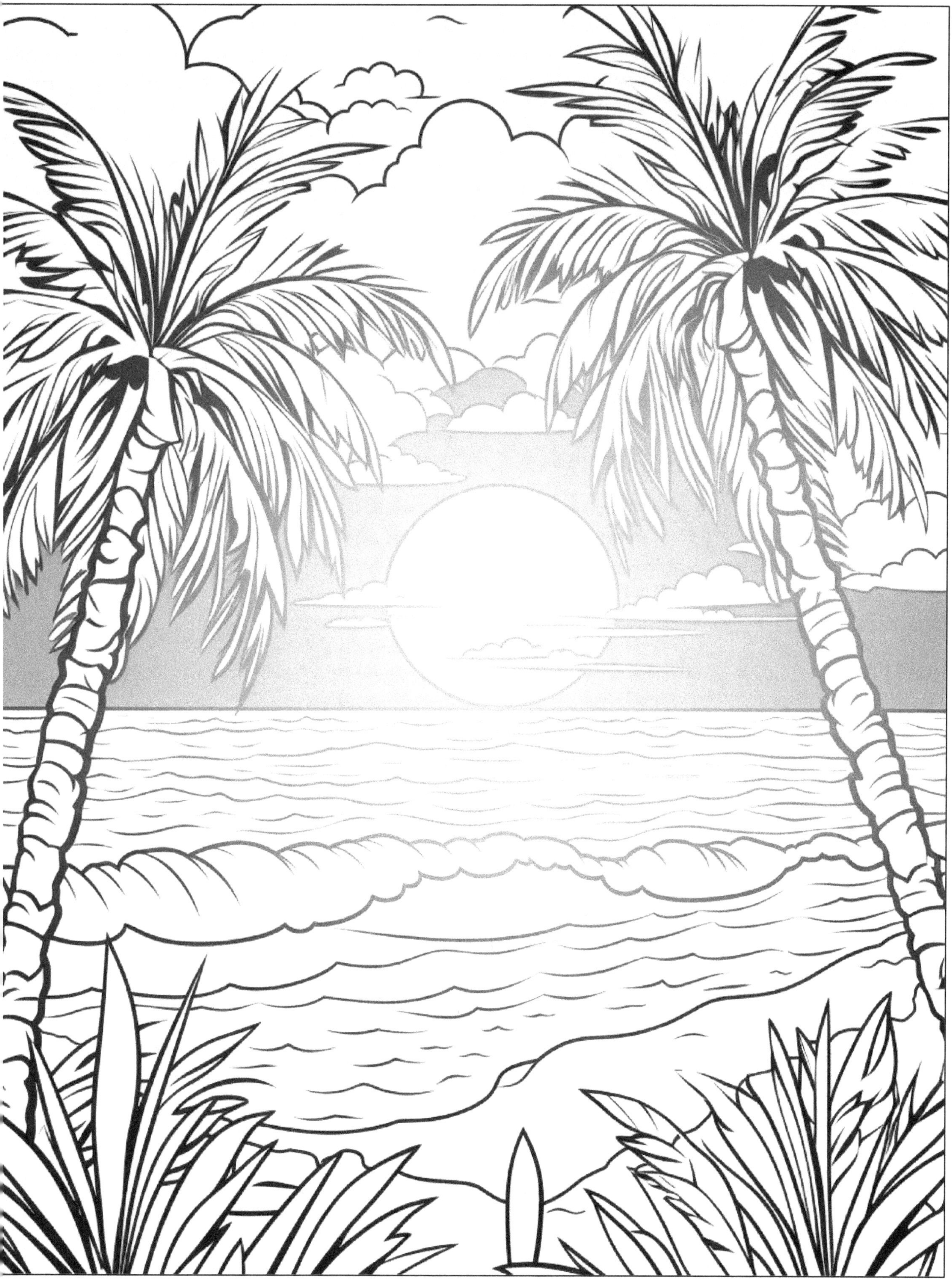

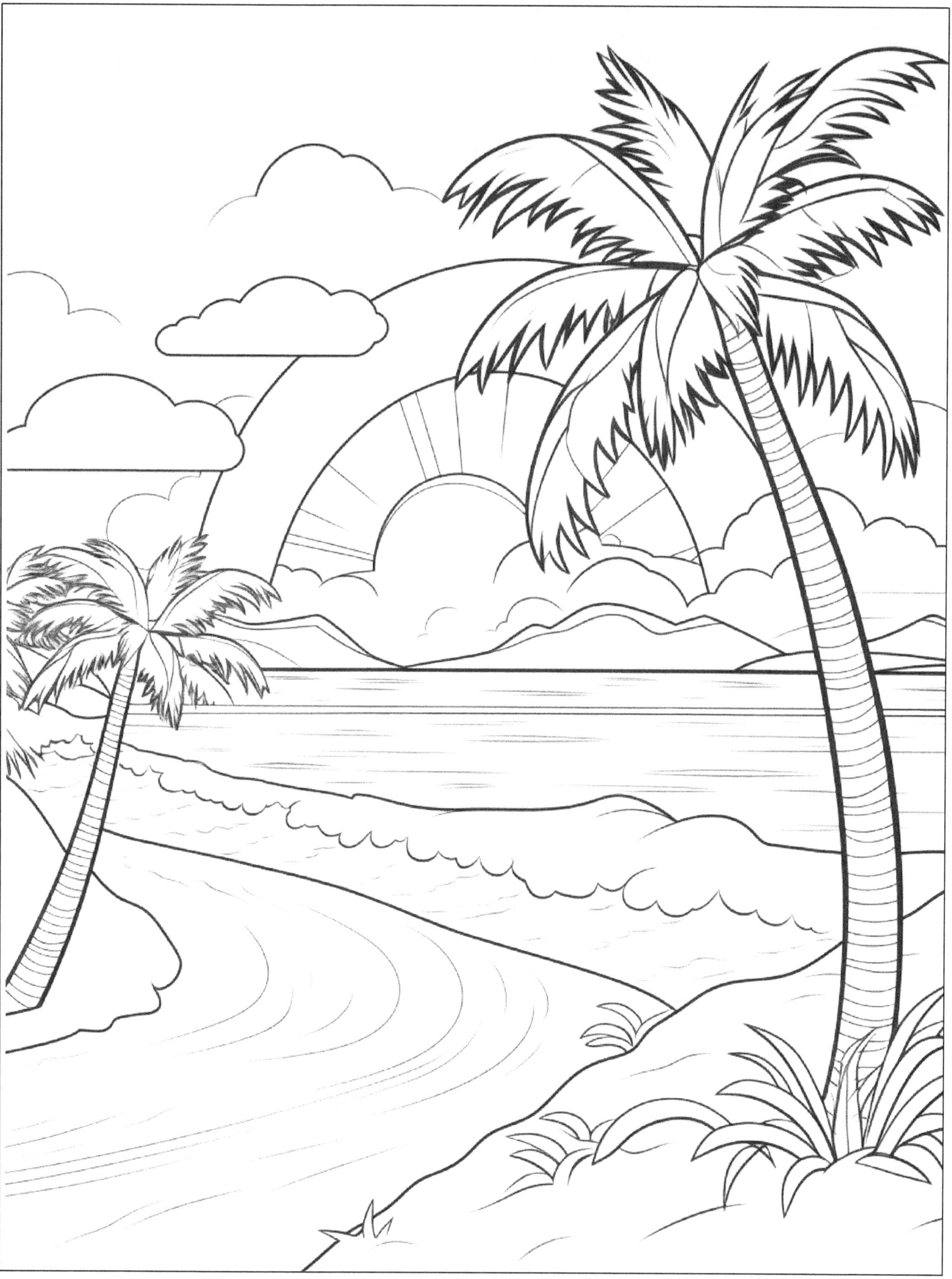

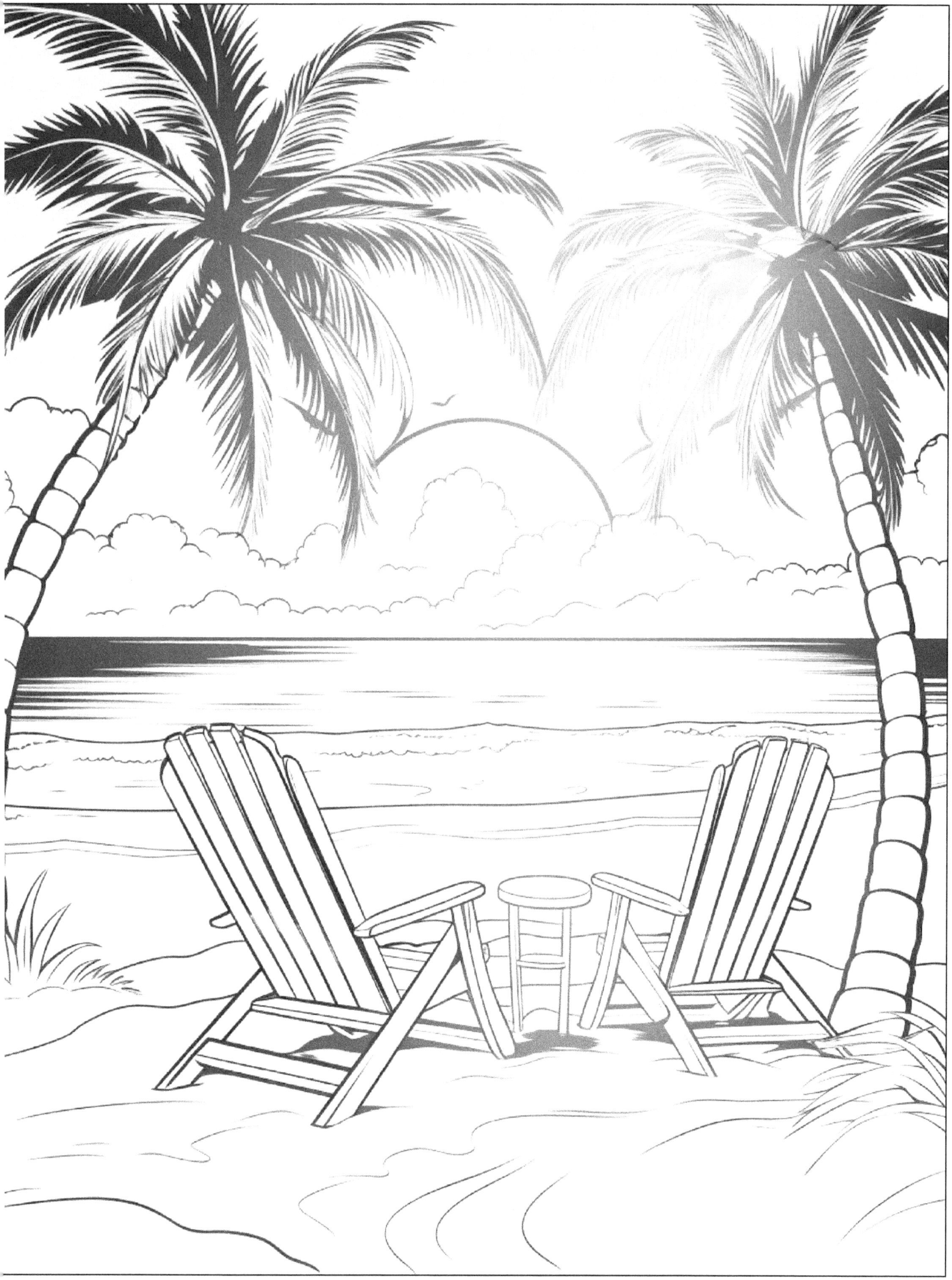

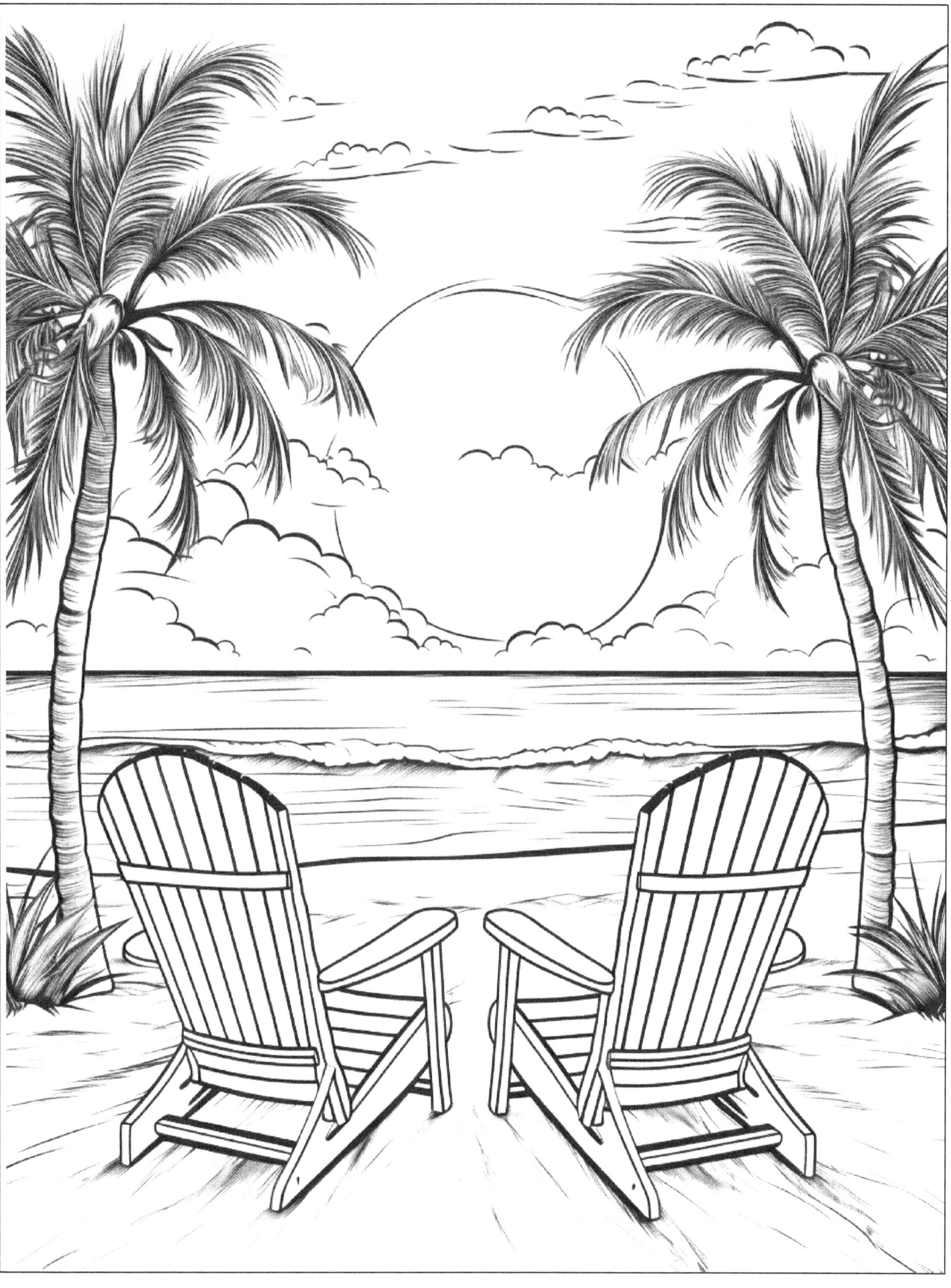

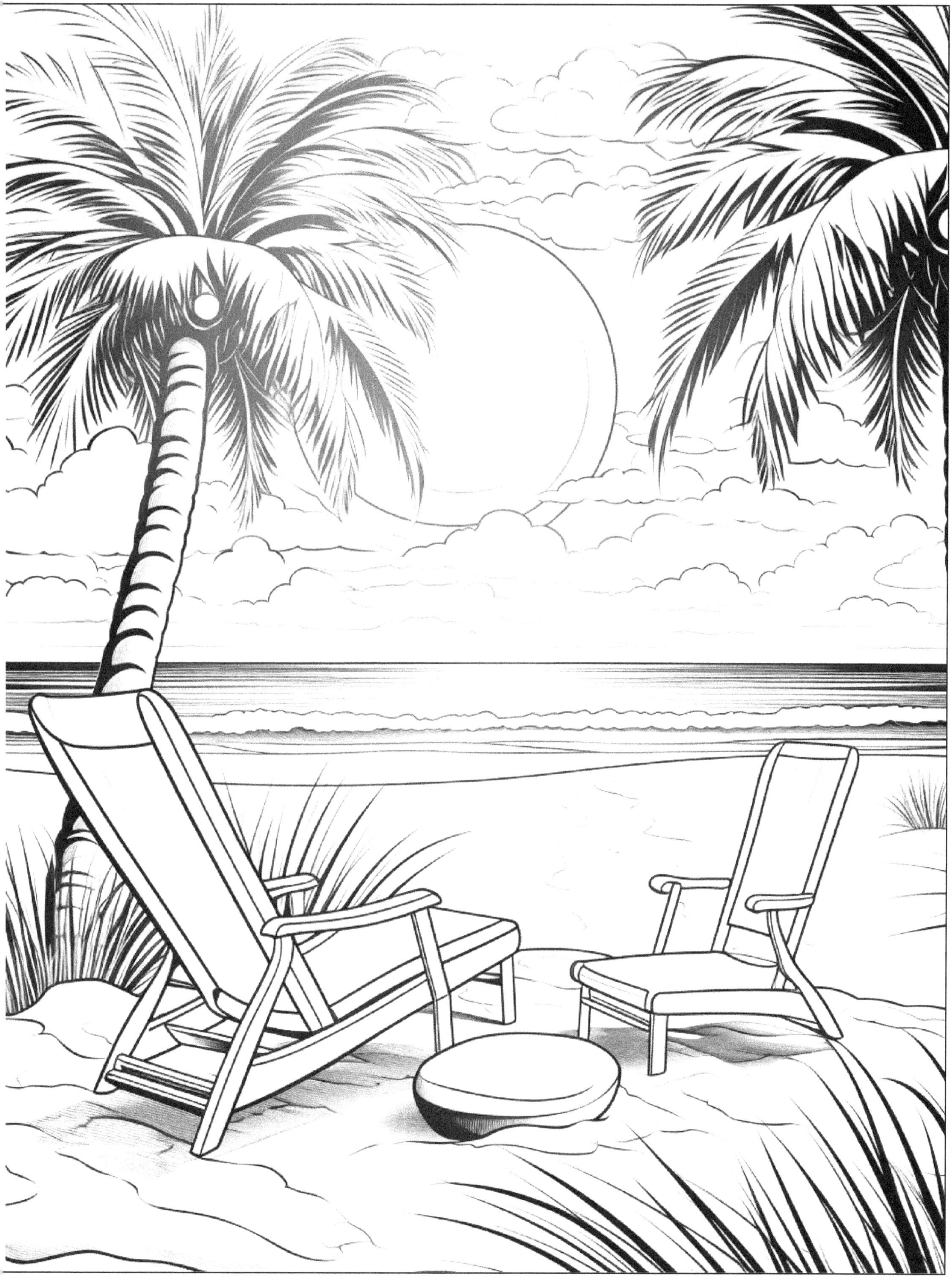

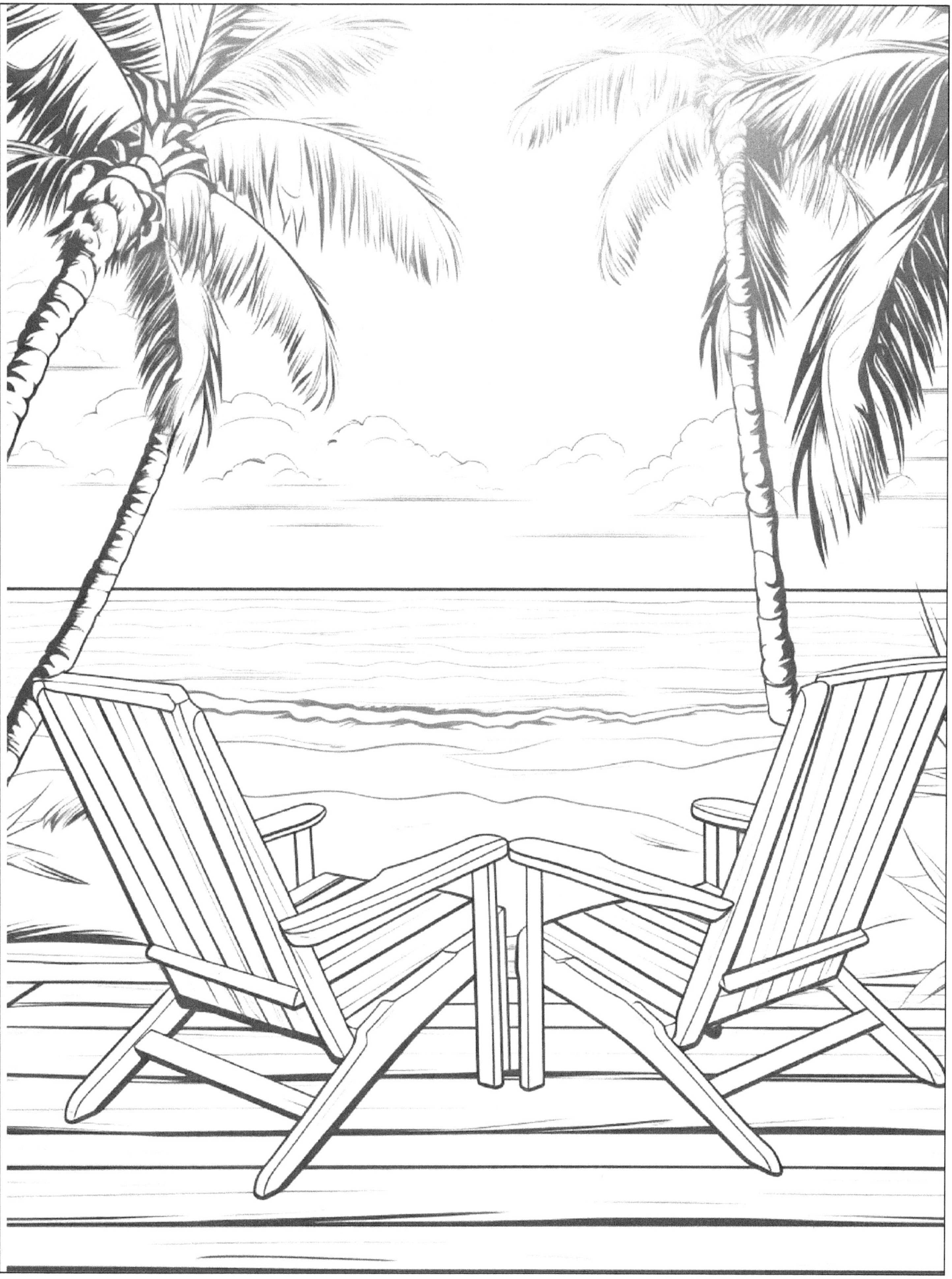

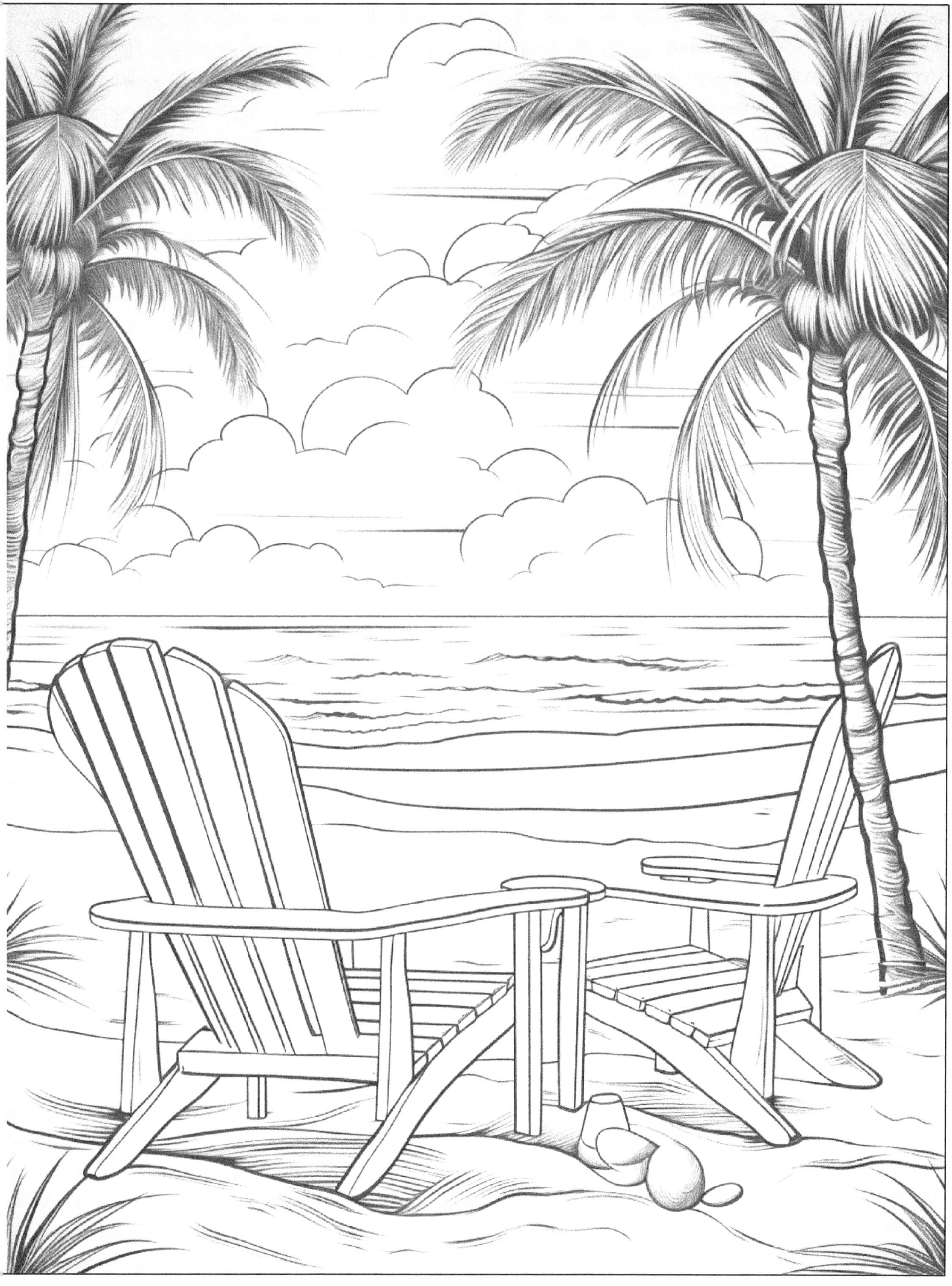

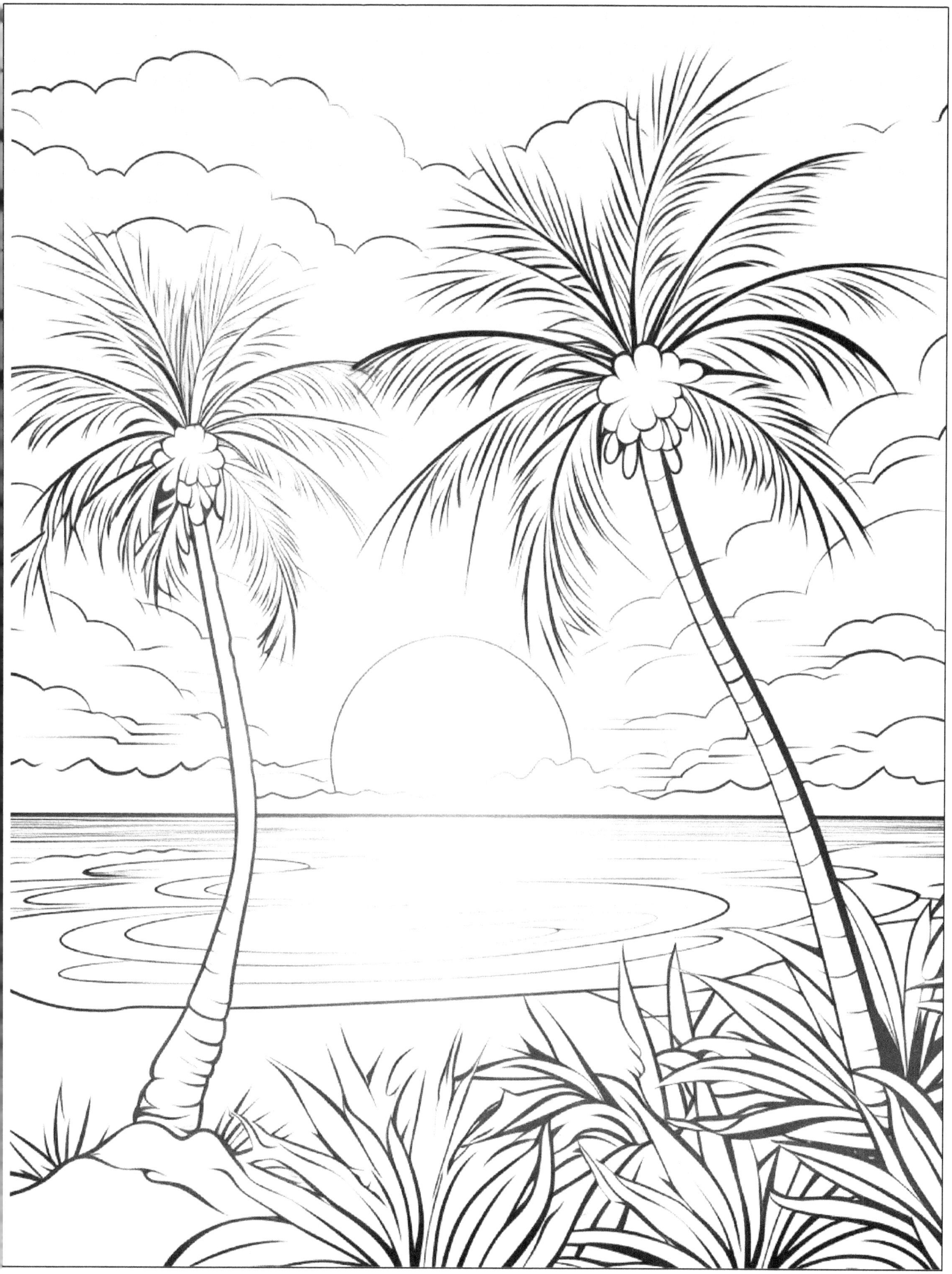

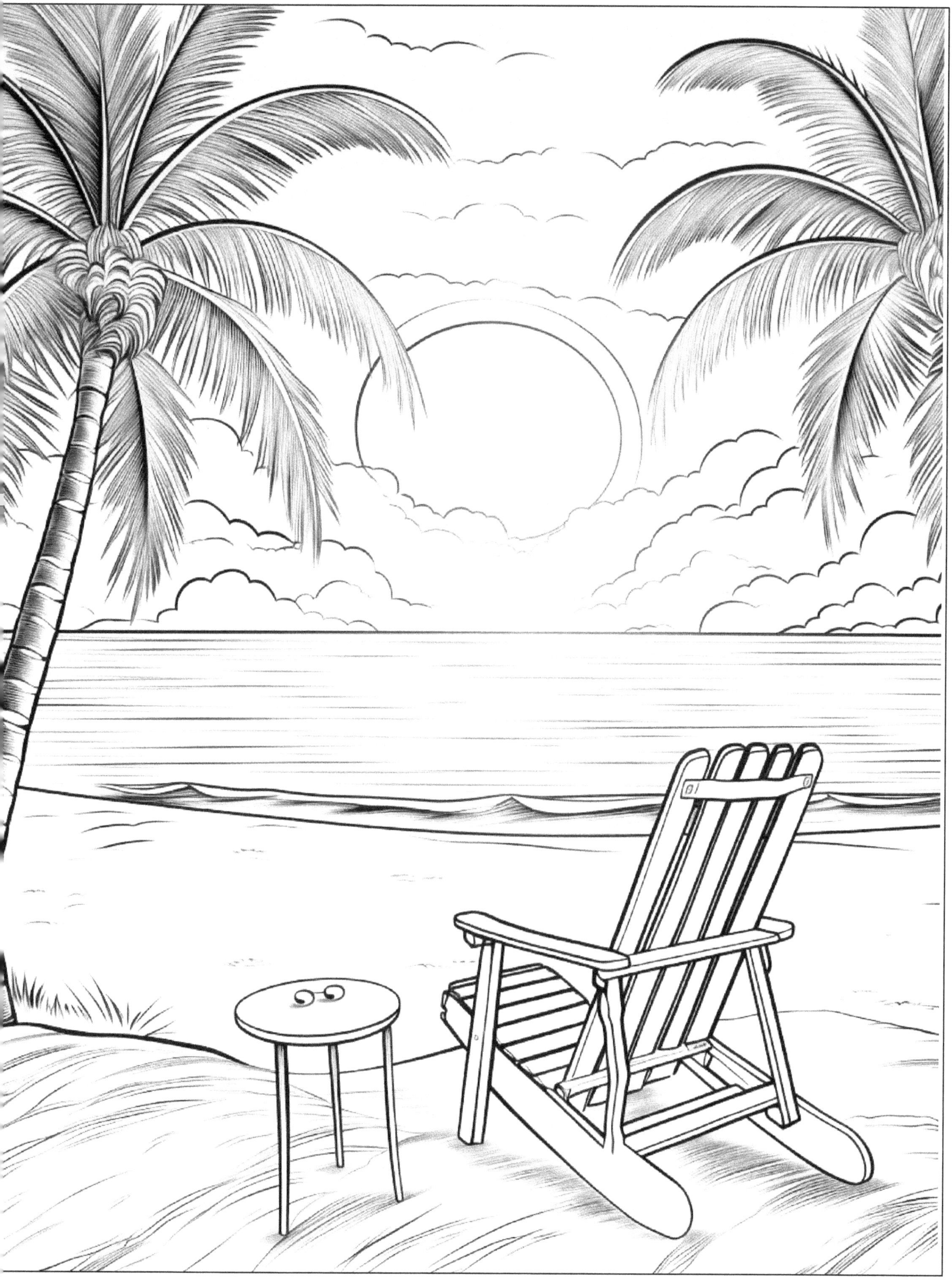

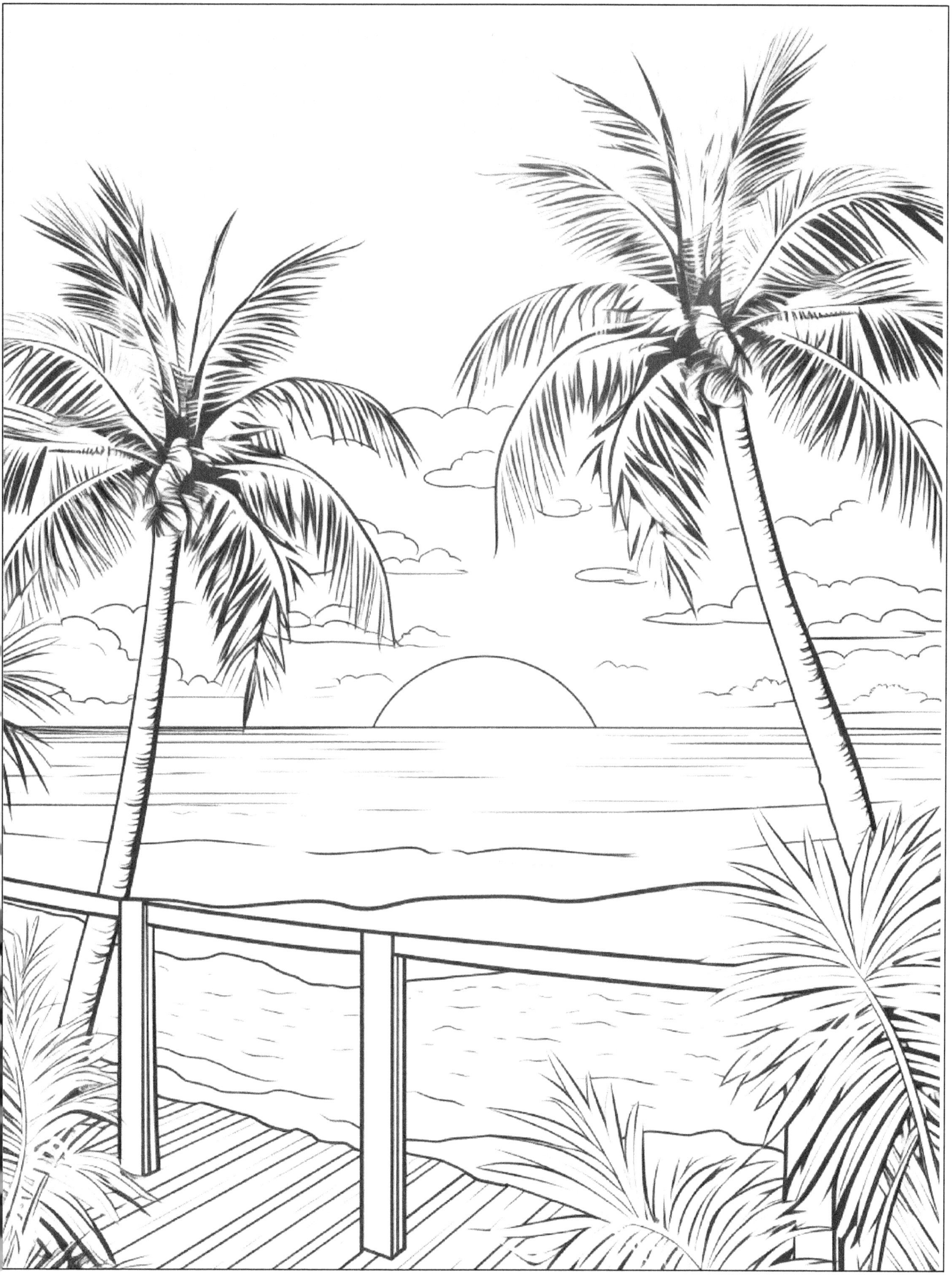

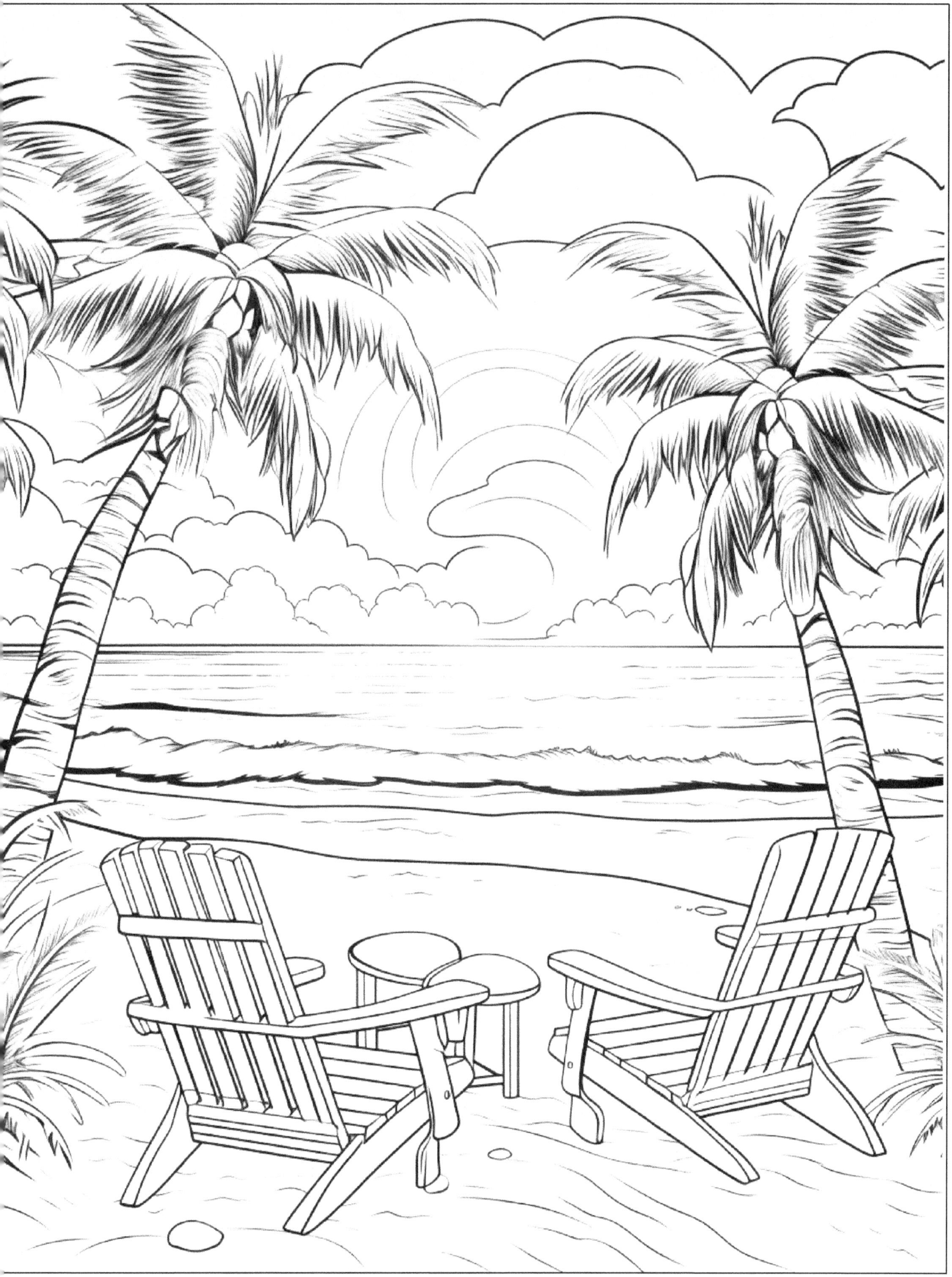

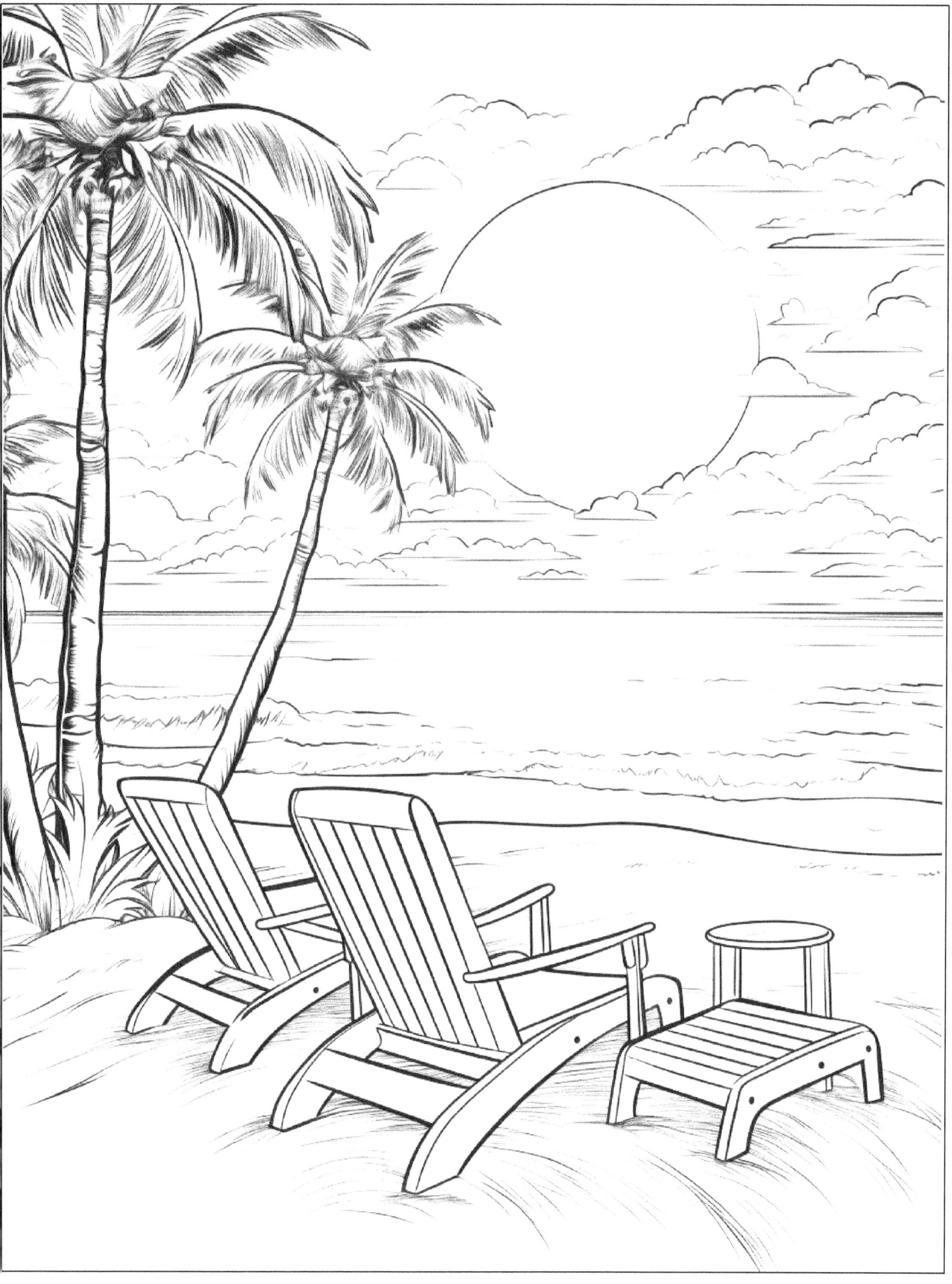

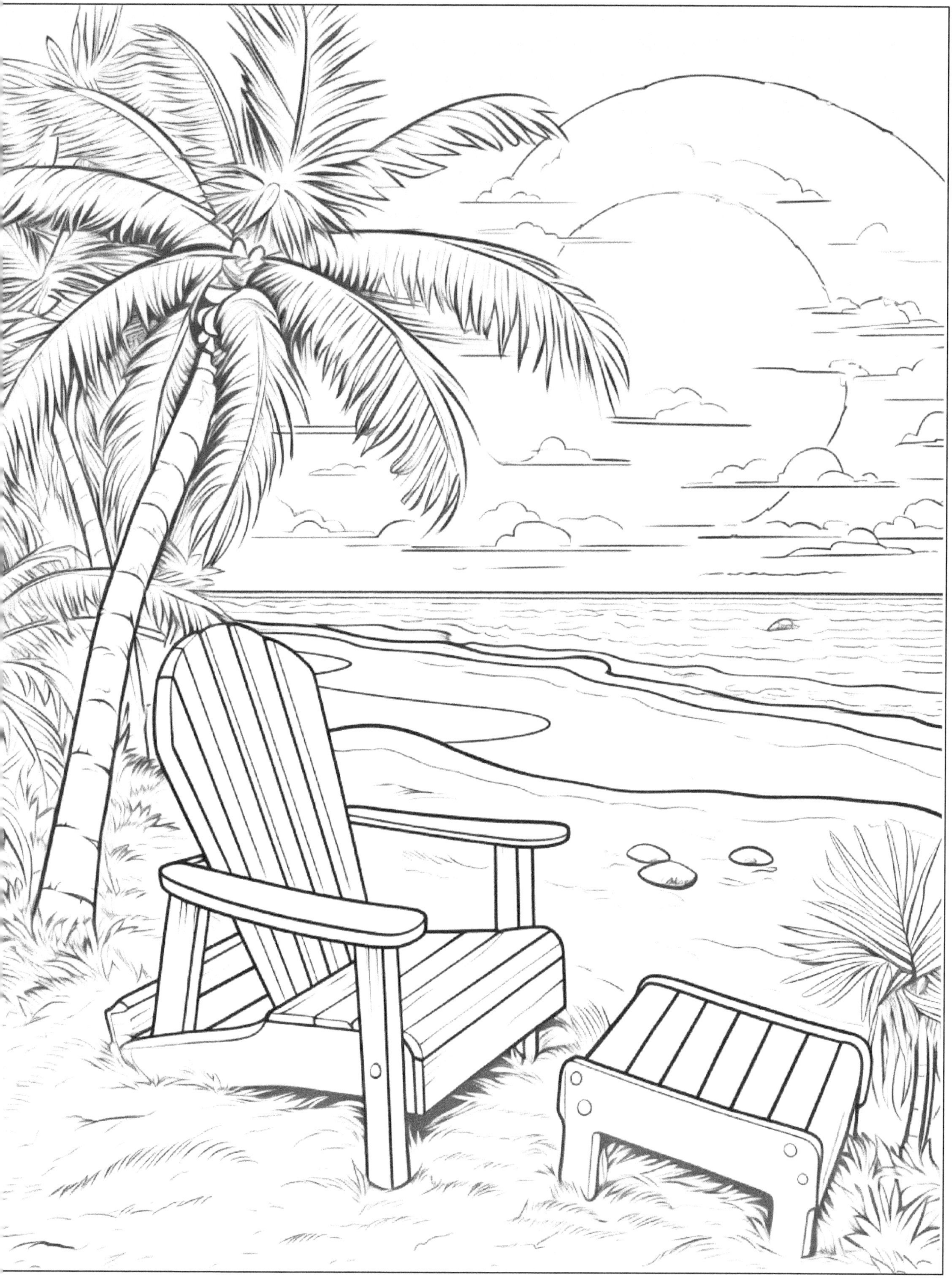

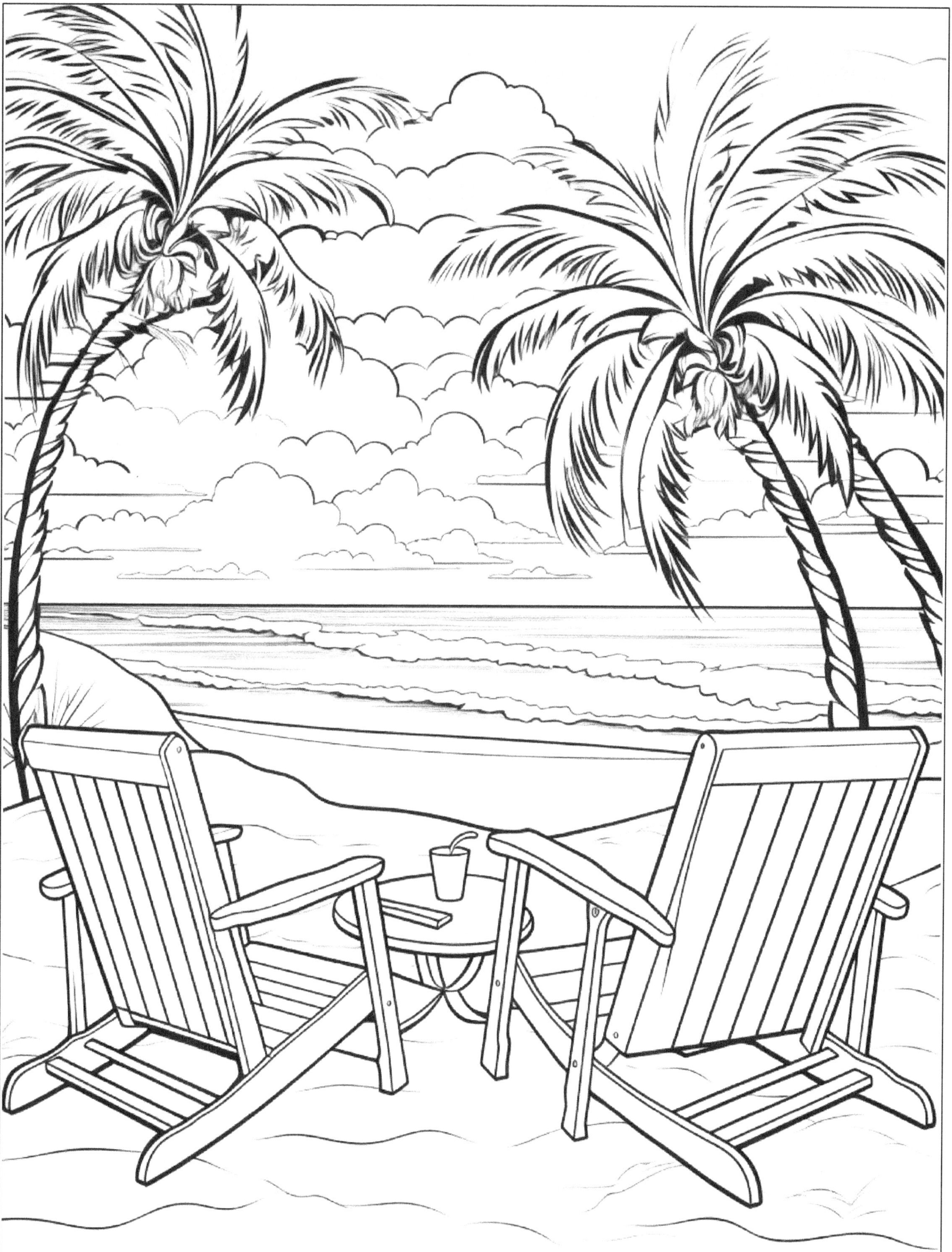

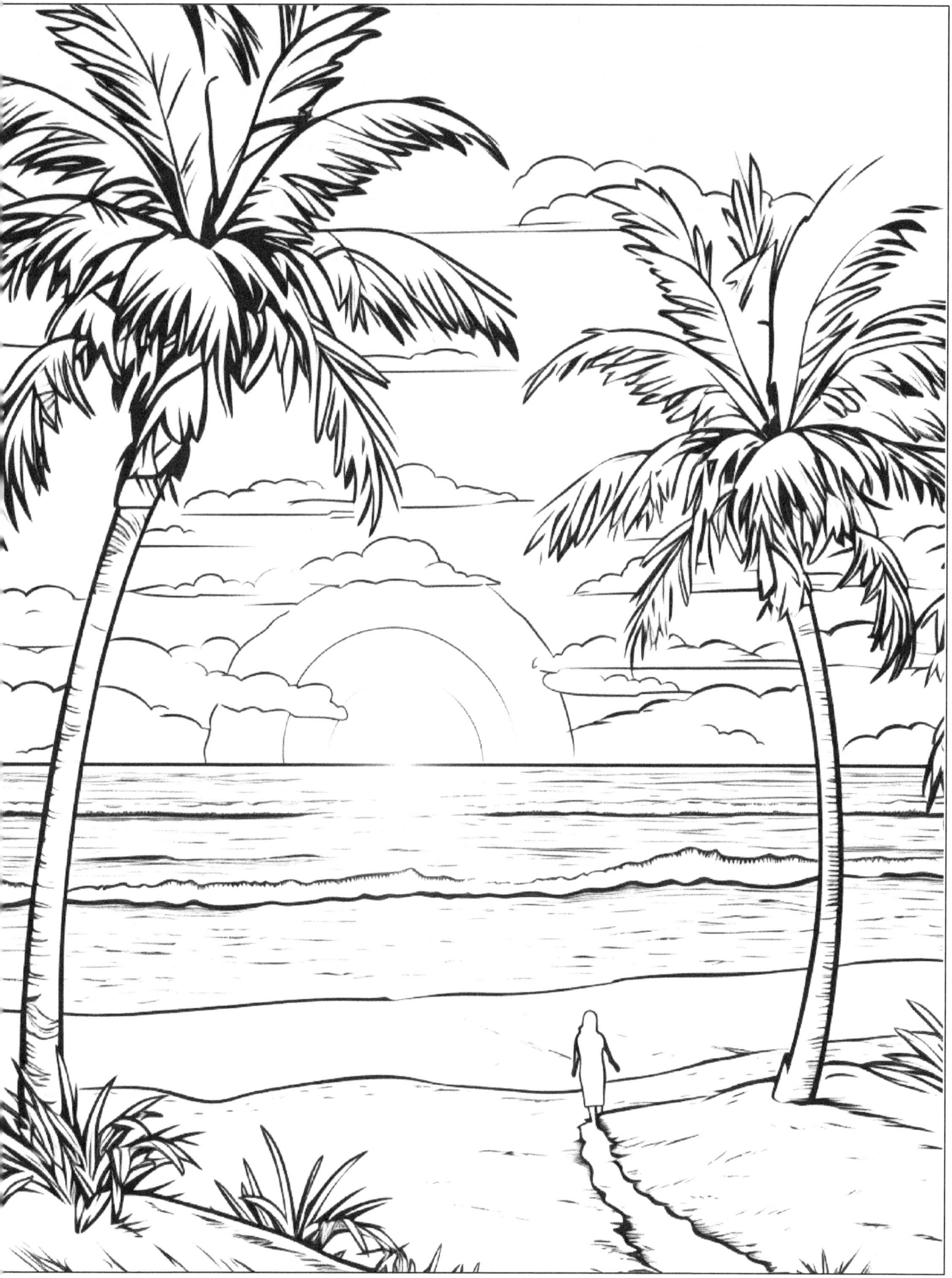

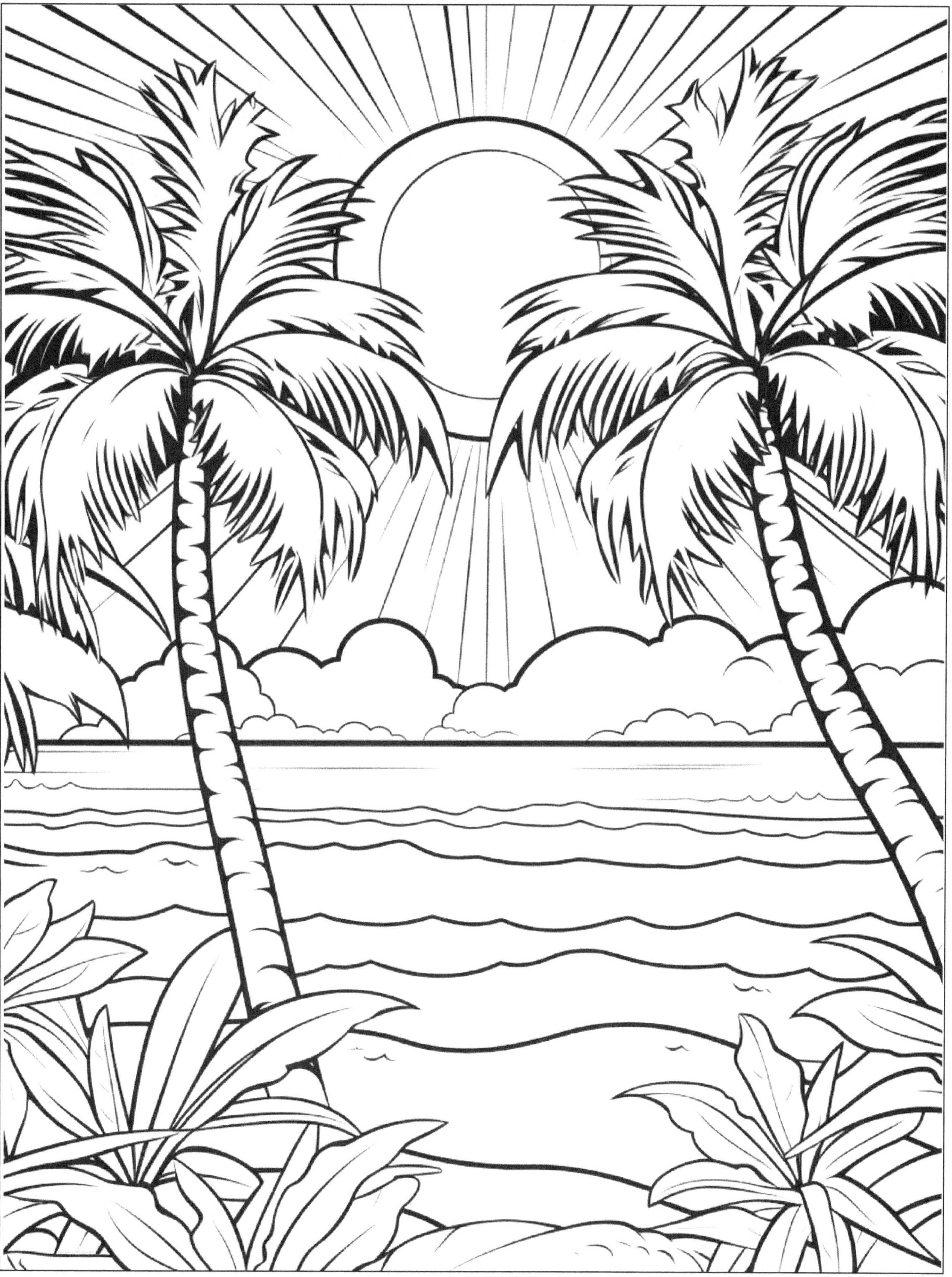

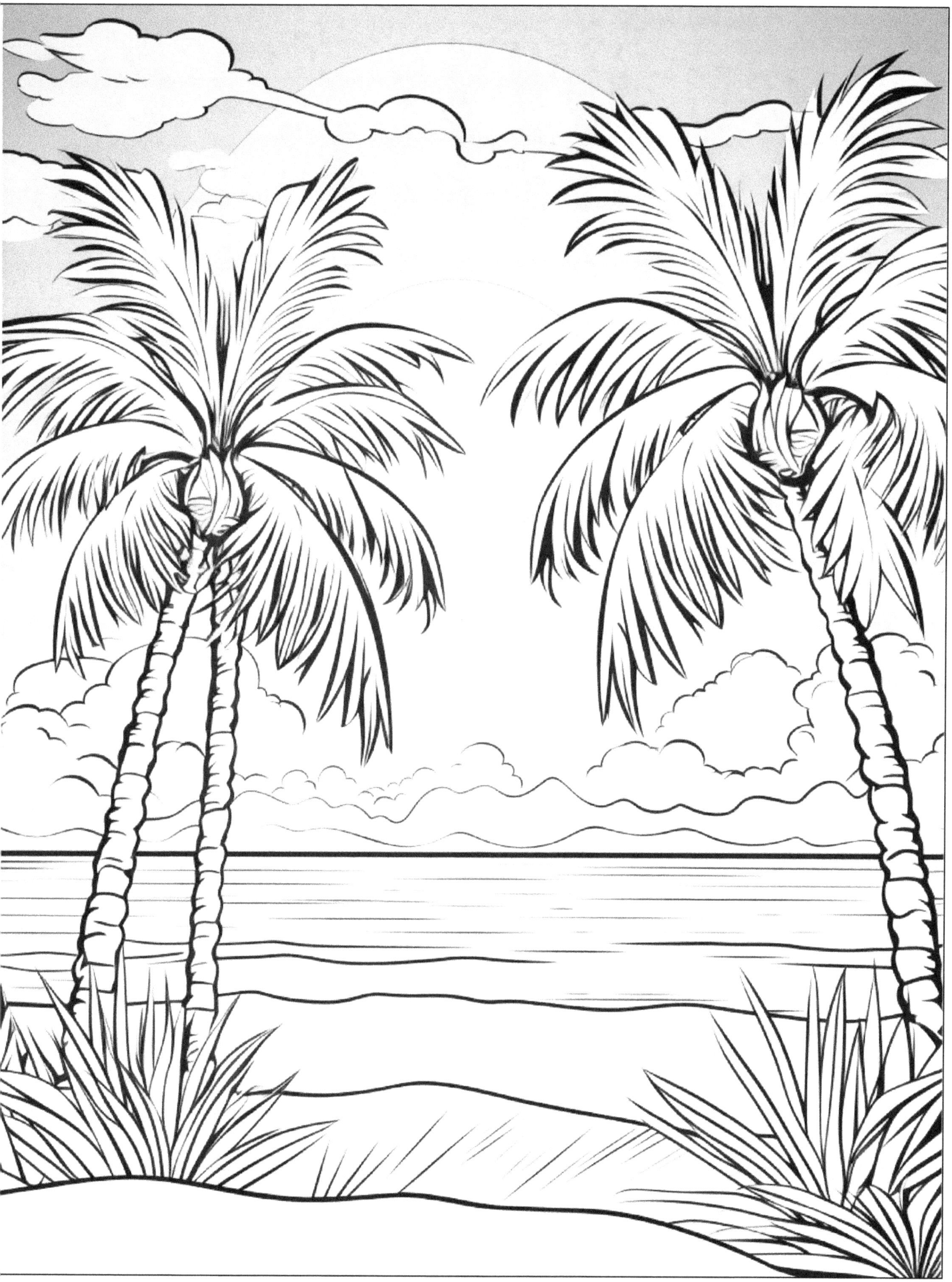

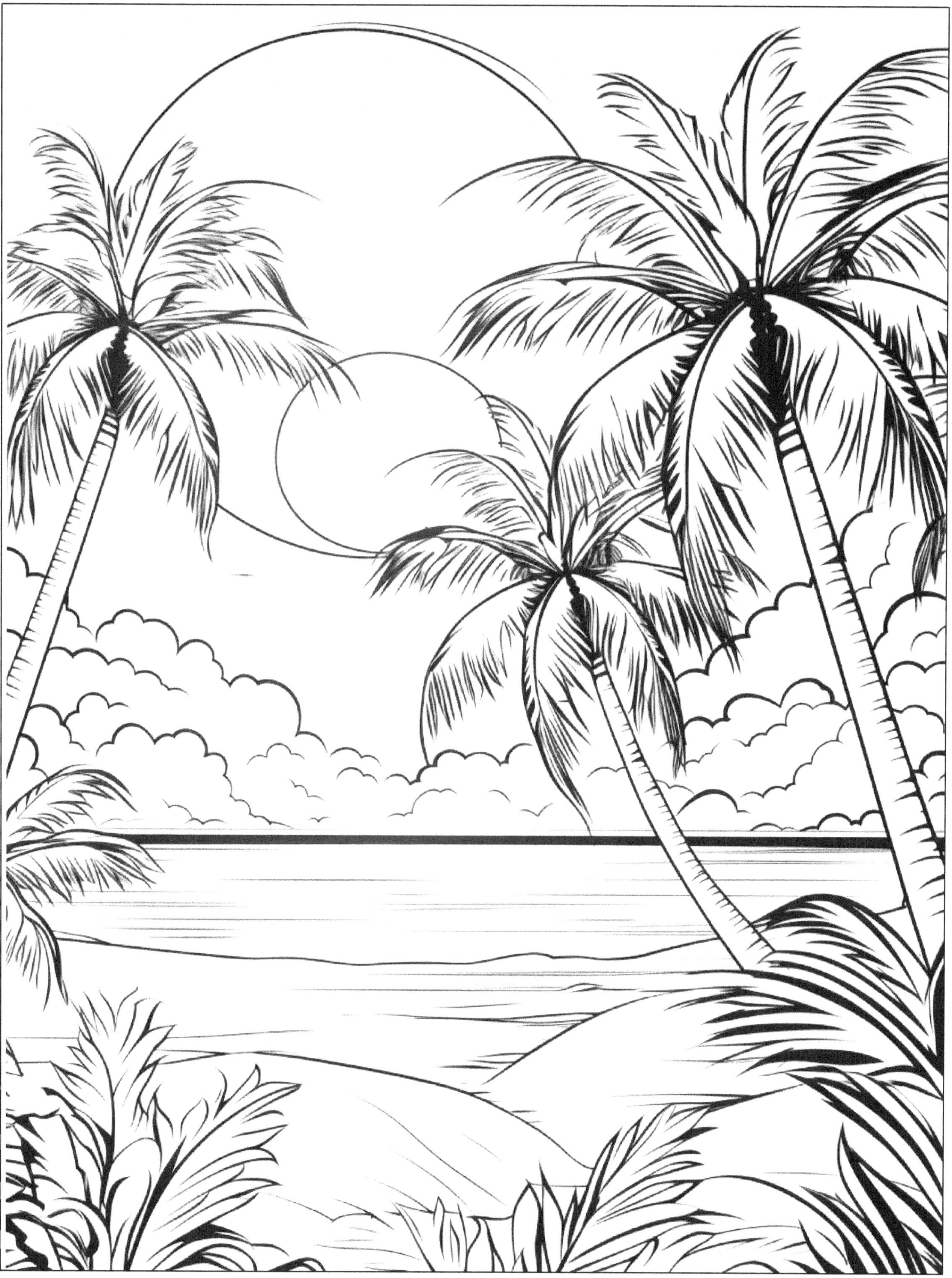

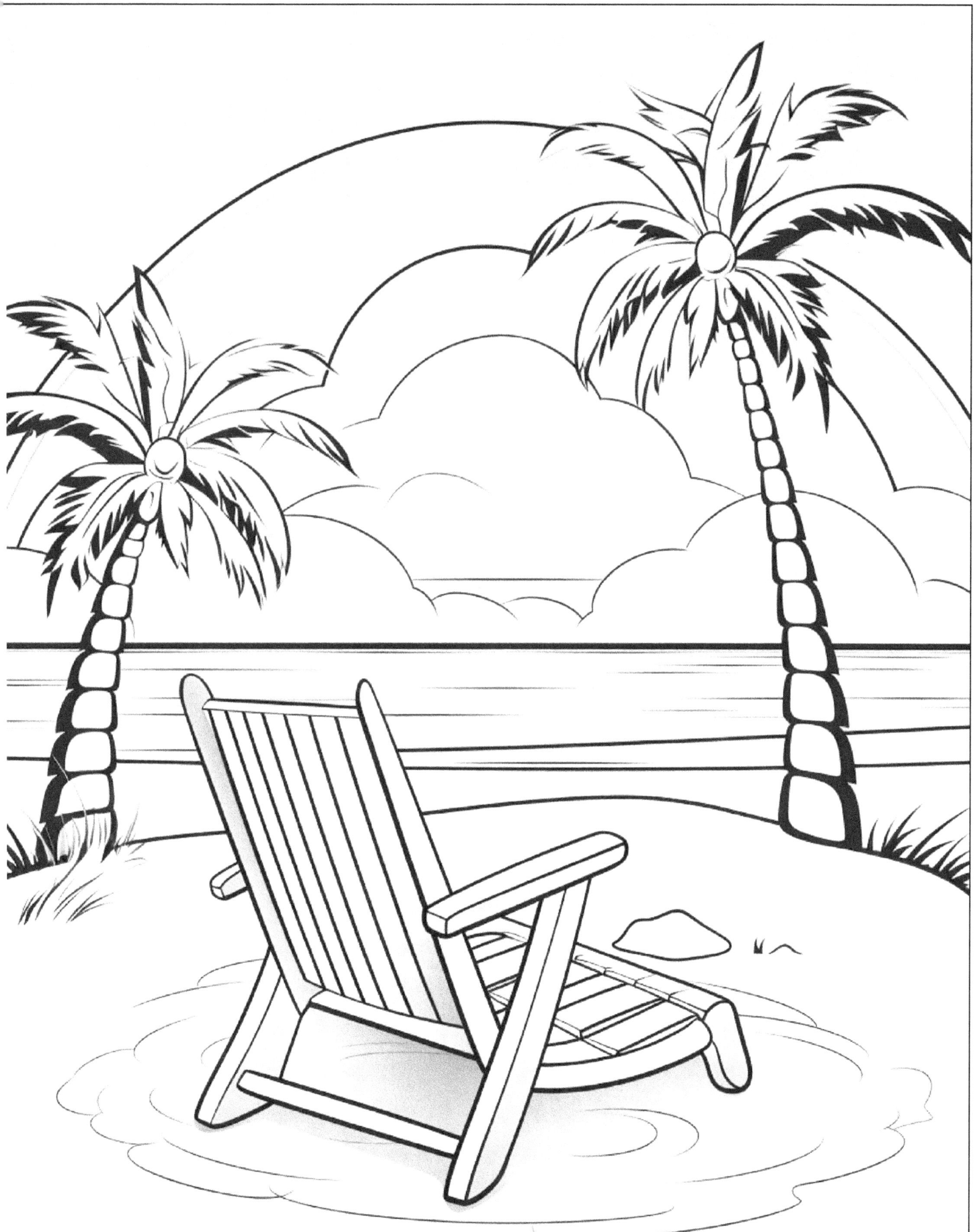

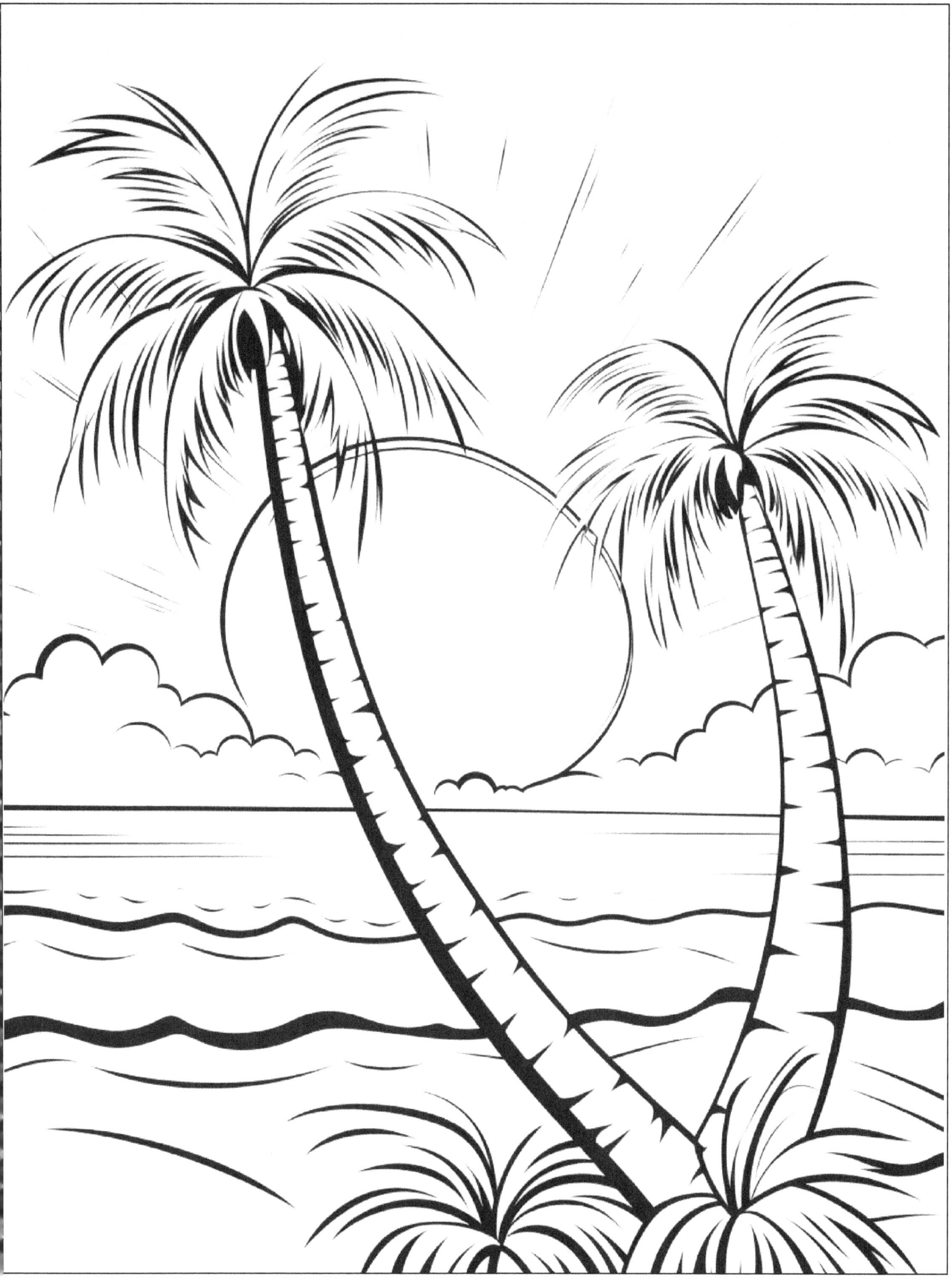

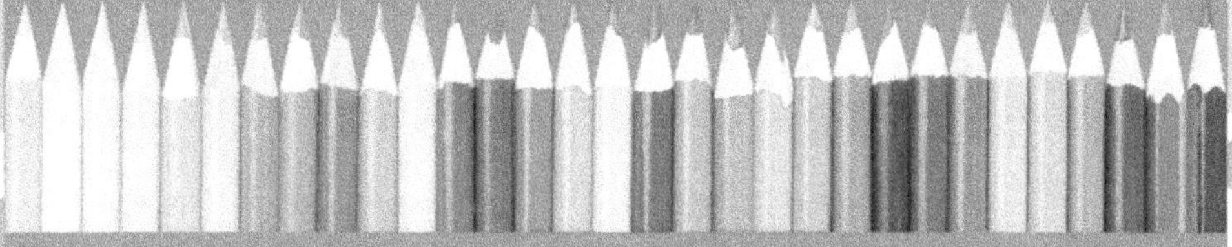

www.ingramcontent.com/pod-product-compliance
Lightning Source LLC
Chambersburg PA
CBHW081117290526
45795CB00006B/2145
* 9 7 9 8 8 7 9 8 1 1 4 4 5 *